ЯМА НИЯМА

Этика йоги для сбалансированного ума

Avt. Ananda Tapasiddha Ac

ЯМА НИЯМА

Этика йоги для сбалансированного Ума

Днепр
«Середняк Т.К.»
2020

УДК 233-852.5:17
N 71

Nitya Devi Dambiec

N 71 Яма Нияма .Этика йоги для сбалансированного ума —
Днепр: Середняк Т. К., 2020, — 132 с.

ISBN 978-0-9942348-1-0

© *Avt. Ananda Tapasiddha Ac*

Всем тем, кто по-прежнему считает, что стоит продолжать прилагать усилия, чтобы стать лучше, и что это неотъемлемая часть человеческой жизни

СОДЕРЖАНИЕ

1	Введение	1
2	Ахимса	12
3	Сатья	19
4	Астея	27
5	Брахмачарья	30
6	Апариграха	37
7	Шаоча	44
8	Сантоша	51
9	Тапах	55
10	Свадхьяя	60
11	Ишвара Пранидхана	66
12	Примечания	73
13	Список используемой литературы	90

ВВЕДЕНИЕ

Чтобы по-настоящему понять идею, нужно постичь не только ее внешний вид, но и внутренний дух. После этого следует использовать правильную концептуализацию данной темы, а для этого нужно знать контекст, в котором она находится. Чтобы понять цель и суть Ямы и Ниямы, необходимо применить тот же подход. Фактически, один из пунктов Ниямы, «свадхьяя», предполагает именно это: нужно читать с должным восприятием, понимать не только то, что буквально написано, но и что подразумевается, суть слов. Эта небольшая книга является попыткой объяснить учение Ямы и Ниямы, так, чтобы запустить процесс саморефлексии, который будет способствовать углублению нашей этической, эмоциональной и духовной жизни как индивидуально, так и коллективно.

Яма и Нияма - это набор из десяти «этических принципов», разделенных поровну на две части. Пять пунктов Ямы предназначены для установления сбалансированных отношений между внутренним и внешним мирами, субъективным и объективным. Они отличаются от Ниямы тем, что не могут быть реализованы без воздействия с внешним миром. Нияма - это внутренние установки, которые можно культивировать без внешних объектов.[1] Учение Яма-Нияма пришло к нам из Индии и хорошо известно тем, что оно включено в сутры йоги Патанжали, но, как и многие другие идеи в этой книге, возникло гораздо раньше. Подобные, а также другие, несколько отличающиеся друг от друга версии могут быть найдены и истолкованы в многочисленных древних текстах и, безусловно, преподавались устно, как и преимущественно все системы индийских духовных традиций, до, а также после того, как были записаны.² Толкование, приведенное в этой книге, основано на учении Шри Шри Анандамурти, основателя социально-духовной организации двадцатого века «Ананда Марга». Его оригинальные мысли можно найти в книге под названием: «Руководство по поведению человека».

Анандамурти в самых первых строках своей книги утверждает, что мораль сама по себе не является смыслом жизни, и что Яма-Нияма - это принципы, разработанные с целью, которая превосходит их самих. Они основаны на другом, более глубоком понимании смысла и ценности человеческой жизни.⁴ Они не основаны на страхе, стремлении к личной выгоде в настоящем или будущем или на уверенности в своей «праведности». По сути, они являются признанием особой человеческой способности к саморефлексии и стремлению преобразовать разделение в единство, непостоянство индивидуальности в бесконечность и трансцендентность. Это основа тантра-йоги, которую предлагает Анандамурти: что в каждом человеке, и не только в человеке, а во всем творении отражается универсальное сознание, и именно процесс глубокого переживания этого сознания приносит мир и счастье в жизнь. Параллельно с этим мы становимся лучшими людьми вследствии развития нашей эмпатии и чувства социальной ответственности, которые возникает благодаря переживанию (а не только теории) чувства взаимосвязи и единства с миром.⁵ Яма-Нияма - это необходимый фундамент, на котором может происходить это развитие. В каком-то смысле Яма и Нияма являются этическими формулировками, которые основанны на нашем «чувстве духовного потенциала», - практическим ответом на признание того, что:

Стремление преодолеть разделение между малым «я» и Душой имеет огромное влияние на все уровни и сферы человеческого существования. Это так же важно для описания человечности, как гравитация для описания физической вселенной.

Чтобы преодолеть это разделение и развить ясное понимание этого стремления, живущего внутри нас, и того, как он влияет на нашу жизнь (чаще всего неосознанно), требуется определенное спокойствие ума. Принципы Яма-Ниямы - это систематическое объяснение наблюдений о том, как работает ум, а также об установках и поведении, которые обеспечат человеку ментальный баланс, необходимый для реализации бесконечного вдохновения внутри себя и в повседневной жизни. По этой причине они считаются основой любой медитативной практики, без которой попытки сосредоточения будут сродни разжиганию огня мокрой древесиной: много дыма, мало тепла и растущее разочарование. Эта идея станет более понятной по мере дальнейшего изучения книги.

Наряду с признанием человеческого поиска трансцендентного, Яма-Нияма включает в себя в равной степени дозу релятивизма, никогда не забывая, что каждая жизненная ситуация уникальна. Использую Яму-Нияму нужно всегда быть внимательным и проницательным, возможно, даже больше, чем если бы человек жил без какого-либо конкретного этического кодекса. Яма-Нияма не говорит о том, как нужно реагировать на любую конкретную ситуацию, скорее ответственность лежит на человеке, за то, как он ее будет воспринимать и затем принимать решение о наилучшем подходе.[9] Яма-Нияма создает перспективу, чувствительность и психический подход, с помощью которых становится возможно принимать решения, полностью понимая свои сознательные и подсознательные намерения.

Этот акт принятия ответственности за свое подсознание является частью того, что заставляет Яма-Нияму работать, как вы увидите, когда прочитаете, например, раздел «Сатья», в котором объясняется взаимодействие между сознательным и подсознательным умом и как эти, должным образом управляемые, взаимодействия создают силу воли и мужество. Эта психическая сила, в свою очередь, является источником психического и эмоционального баланса.

Прежде чем продолжить, стоит ознакомиться с двумя основными принципами философии тантра-йоги Анандамурти, которые интересны сами по себе, а также потому, что они идут вразрез с некоторыми другими йогическими школами мышления.

Первое: мир не иллюзия! В отличие от Саункарачарьи, который утверждал: «Брахма Сатьям Джагат Митхья» - «Мир - это иллюзия, и только Брахма (высшее сознание) является истиной», и, в равной степени, в отличие от философии Чарваки, которая утверждает, что только материальное является истиной, а абстрактного не существует, Анандамурти сказал: «Брахма Сатьям Джагадапи Сатьям Апехикам» - «Брахма - это абсолютная истина. Эта вселенная тоже истина, но относительная».[11] Божественность может быть обнаружена в этом мире, а не только за его пределами. Следует не отказываться от материального мира, а изменить наше восприятие его. Существование вселенной не является иллюзией и не должно рассматриваться как нечто вредное, мешающее духовному росту, как отвлечение, которое должно быть отвергнуто.

Отрицание ценности сотворенного мира само по себе подразумевает отказ от необходимости какого-либо морального поведения, точно так же, как, например, в гедонизме нет нужды в этике. Это также является актом лицемерия и бесчувственности, который может привести к очень запутанной интерпретации духовности, противоречия которой должны быть очевидны.[12] Яма-Нияма самим своим существованием провозглашает громко и ясно: «Этот мир настоящий! Он постоянно меняется, но он существует! Бесконечное прямо здесь, оно спрятано в виде эссенции всех красочных выражений жизни, и может быть обнаружено, если вы просто знаете, где и как искать.

Вторым важным моментом философии Анандамурти, который также имеет непосредственное отношение к Яма-Нияме, является концепция трения как позитивной и существенной силы для роста. Препятствия, объясняет он, это вспомогательные силы для достижения цели, и мир во все возрастающей степени достигается благодаря внутренним и внешним усилиям и борьбе.[13] Душевное спокойствие, в рамках этой схемы вещей, является ни анестезированным состоянием спокойствия, в котором избегаются любые трудности и преобразующие жизненные переживаний, ни избавлением от обязанностей повседневной жизни. Скорее, даже рекомендуется прилагать особые усилия, чтобы ставить себя в сложные ситуации для встречи и противостояния со своими страхами, противоречиями и ментальными комплексами.[14] Что означает «психическое равновесие» в данном контексте? Это состояние, в котором человек обладает силой и душевным равновесием для поддержания сбалансированного и беспристрастного восприятия даже под воздействием беспокоящих внешних факторов. Эта способность проистекает из целостности намерений, которая, в свою очередь, проистекает из понимания подсознательных шаблонов мышления и сознательной работы по интеграции в эти шаблоны чувства универсализма: взаимосвязанности со всеми, и, как следствие, сопереживания всему сотворенному миру.

Усилие саморефлексии и актуализации его результатов, чего и требует Яма-Нияма, порождает некое умственное трение, которое подобно мельнице, размалывающей пшеницу в муку, отчищает и утончает восприятие и эмоциональное состояние человека. Каждый раз, когда совершается подобное усилие, ум набирает силу и, следовательно, уравновешивается, и то, что начинается как сознательное усилие, постепенно интегрируется в подсознание, чтобы стать естественным состоянием:

> Нельзя сказать, что конечное достижение человеческой жизни это не совершать воровство; в идеале, сама тенденция к воровству должна быть устранена. Не предаваться лжи - тоже не идеальная цель; важно то, чтобы в разуме вообще не было склонности к вранью. Садхака (духовный практик) начинает духовные практики с моральных принципов, с непотворства

воровству и лжи. Но целью такого морального кодекса является состояние единства с Брахмой (бесконечным сознанием), когда нет никакого желания кражи; и все тенденции к обману исчезают.[15]

В этом смысле Яма-Нияма также служит связующим звеном между относительным и абсолютным знанием. Тангенциальной точкой, в которой «факт» (информация, полученная из объективного мира) и «смысл» имеют шанс сердечно встретиться:

> Исчерпывающее изучение этики требует признания того, что она построена человечеством и является началом человечества ... она имеет как относительное, так и абсолютное происхождение. С относительной стороны, этика социально построена, чтобы помочь нам выжить в противоречивой вселенной - она помогает жизнеспособности автономных систем. С абсолютной стороны, этика основана на нашем «чувстве» духовного потенциала, которое впервые проявляется ... в Архетипическом уме. Это уровень ума, на котором такие архетипы, как добродетель, красота, истина, справедливость и любовь, впервые отделяются от Духа и тем самым придают нашей жизни различные смыслы. [16]

Люди имеют тенденцию искать везде совершенство: в верованиях, увенчанных «абсолютными» истинами; в поиске идеальных систем; или, в равной степени, в материалистическом редукционизме. Проблема с этим возникает не потому, что желание о трансцендентности неправильно, а потому, что мы ищем в неправильных местах и пытаемся конвертировать относительные истины в этот абсолют (будь то в качестве абсолютного покоя, уверенности, и т.д.), которые мы так желаем. Это парадоксально, поскольку благодаря этому наши умственные процессы и мировоззрение кристаллизуются в догмы, а человеческое творчество подавляется, поскольку наше бессознательное или неправильно понятая «жажда бесконечного» превращается в свою противоположность.

В литературе нет недостатка в антиутопических романах, которые наглядно демонстрируют этот момент: человеческое счастье не может быть найдено во внешне навязанной стабильности и уверенности; ни в том, чтобы наши моральные и эмоциональные дилеммы решались искусственно; и даже не упрощением жизни через постоянный поток легких способов для удовольствий.[19]

Вдохновение в жизни происходит от динамизма, вызванного трением противоборствующих сил, а также роста и преобразованием неизвестного в известное. То, что мы можем научиться ценить этот подход и получать удовольствие от процесса, связанного с ним, становится возможным благодаря чувству любви к чему-то большему, чем мы осознаем в себе в процессе роста. [20]

Биолог Умберто Матурана, описывая, как взаимодействие любви влияет на развитие человечества, определяет любовь как «область таких взаимоотношений, в которых ты воспринимаешь другого не отдельно, но взаимосвязанно с собой»[21] и объясняет, что любовь, создавая атмосферу сотрудничества, доверия и теплых отношений, открывает возможность для освобождения интеллекта:

> Любовь дальновидна, а не слепа, потому что она высвобождает разум и увеличивает возможности кооперативного сосуществования, поскольку она расширяет область, в которой действует наша нервная система. Любовь расширяет область, в которой наша нервная система извлекает полезные связи и закономерности из нашей жизни.[22]

Любовь может иметь много контекстуальных выражений, но ее сущность одна и та же, а духовная любовь - это «спонтанный опыт расширения любви», в котором «существует возможность полного принятия вселенной в единстве с самим собой».[23]

Итак, что, в конце концов, дает нам Яма-Нияма? Она создает уравновешенное состояние ума, с помощью силы, полученной благодаря ясности намерений, что позволяет нам развивать сочувствие ко всем, даже к тем, кто неизвестен нам, любя их как проявление того универсального, что находится во всем и каждом. Таким образом, каждый аспект творения является важным и нет смысла оправдывать его экзистенциальную ценность, мы должны относиться к нему в соответствии с нашими лучшими суждениями, согласно времени месту и личности. Яма-Нияма - это база, на которой мы можем расширить нашу любовь от индивидуальной к бесконечной, посредством медитации, как духовной практики и с помощью труда в повседневной жизни. Это, по моему скромному пониманию и опыту, является мотивом создания этих правил.

ЯМА

АХИМСА

Ахимса означает, в простейшем смысле, «не причинять вреда другим посредством мысли, слова или действия».[1] «Мысль» здесь подразумевает ментальное желание вреда, в сфере намерений, через планирование или стремление, причем не важно, реализуется ли оно на самом деле или нет. «Другие» относится не только к людям, но и ко всем живым существам, и в эту парадигму, естественно, также входит создание в целом, представляющее собой совокупность живых существ и среды, необходимой для их поддержания.[2]

Чтобы правильно понять это определение, прежде всего необходимо определить слово «химса» (вред), и отметить важность корреляции между мыслями, словами и делами. Яма - это как ментальные установки, так и их практические реализации, поэтому, всегда зарождаются в сфере идей и требуют согласованной работы внутренних и внешних аспектов личности, чтобы достичь их надлежащего значения и эффекта. «Химса» относится к любому действию, которое останавливает дальнейшее развитие личности. Это может быть в смысле физического выживания, умственного или эмоционального развития или в отношении более тонких, внутренних духовных чувств. Хотя было время, когда этот термин неверно трактовали, «Химса» не означает «насилие» или «применение силы», поскольку проводится различие между понятиями насилия и вреда. Поэтому «ахимсу» не следует определять как «ненасилие» или пацифизм. Жизнь сама по себе требует применения силы. Эта «сила» не обязательно должна быть разрушительной, она также может являться трансформирующей.[3] В борьбе между противоборствующими силами нейтралитет не обязательно является силой добра, но вполне может быть эскапизмом.

Защищать себя или другого, когда на него нападают, - смелость, а не делать этого - трусость. Здесь речь не идет о намерении причинить вред, а скорее о мужестве в самообороне, а также об альтруизме в случае защиты кого-то другого.

«Ненасилие» в качестве лозунга может служить полезным политическим инструментом, но даже в этом случае не подразумевается моральное превосходство сторонников этого слогана, которое возвышает их над всякой критикой. Все зависит, как всегда, от контекста, и нет универсального закона, который мог бы автоматически определить праведность любой упомянутой группы или отдельного человека в любых ситуациях. Иногда насилие может быть оправдано, чтобы предотвратить дальнейший вред, хотя, очевидно, это не является чем-то желательным, и его применение также имеет место, например, в качестве косвенного давления.[4]

Ахимсу также не следует истолковывать непригодным для нормальной жизни образом. Это не отказ убивать комаров или участвовать в сельском хозяйстве из-за боязни убить вредителей; это не отречение (и, следовательно, насилие) в отношении собственного тела для реализации нереалистичных идеалов.[5] Ее цель не состоит в том, чтобы, по словам Рабиндраната Тагора, создать «благочестие [которое] становится нереальной абстракцией» и (как это ни парадоксально) «ослабляет нравственное чувство человека».[6] Как и всю Яму-Нияму, ахимсу следует понимать в соответствии с ее внутренним духом и целью, которая, по сути, заключается в воспитании сочувствия и сострадания к другим людям и ко всем формам жизни. Ахимсе не нужно следовать, как закону, лишь для того, чтобы избежать «плохой кармы» или от страха перед будущими страданиями, ахимса сама в себе несет ценность, и мотивацию для практики. Если кто-то воздерживается против причинения вреда другим только из-за страха перед возможными негативными последствиями на психологическом и духовном уровне, это не несет особой ценности, хотя, возможно, это может иметь определенный вклад в общество, пока в нем с помощью страха сохраняется социальный контроль (и даже в этом случае это едва ли предпочтительно, так как страх - плохая основа для построения общества). В некотором смысле такой подход может даже принести вред, так как такое поведение порождает лицемерие, то есть еще одну ментальную проблему, с которой потом придется разбираться. Ахимса - это не ритуал, применяемый механически. Она основано на чем-то более глубоком, на самой архетипической основе того, что значит быть человеком.

Что означает, по сути, намерение не причинять вред другим и не препятствовать их прогрессу? Это означает признание чего-то важного, что есть внутри нас, а также в других людях: что мы как личности обладаем желанием жить и расти, развивать наши природные способности и раскрывать свой потенциал; что это желание также существует и в других; и что возможность моего собственного раскрытия лежит в развитии чувства эмпатии, чтобы осознать это внутреннее желание роста других столь же значимым, как и свое, и более того, принять его как часть себя. В каком-то смысле "Чем больше ты осознаешь себя в других, тем больше ты становишься собой"[8]

Ахимса - это признание экзистенциальной ценности жизни, а не только ее полезности. Это взращивание тонких человеческих чувств, а не утилитарная черствость и цинизм, которые норовят заполнить их место, где «тот, в ком нет любви, оценивает дары своего возлюбленного только по их полезности».[9] Выражаясь по-другому:

> Вы можете спросить себя: верите ли вы в то, что каждое создание божественно? Вы можете сказать, что пожалуй нет, но будете действовать так, будто верите.[10]

Даже если это чувство неосознанно, или даже если отрицается сама концепция "божественности", обычно мы ведем себя так, будто у нас есть эта врожденная осознанность, хотя временами это выражается не совсем идеальным образом. Если бы мы этого не делали, не было бы никакой цивилизации, о которой можно было бы говорить. То, что наша цивилизация несовершенна, является отражением того факта, что мы реализуем это чувство через фильтр наших недостатков, но не потому, что оно ложно, поскольку мы продолжаем пытаться вести себя таким образом. Когда мы этого не делаем, это отражается на нашу личность как психологические и эмоциональные нарушения, или, если мы к ним привыкли, как ухудшение наших чувств и восприятия, и, следовательно, ограничение нашего интеллекта и возможности роста. На коллективном уровне, когда мы отрицаем экзистенциальную ценность других, видим только их механическую "пригодность" или ставим ценность некоторых выше остальных (коллективное ощущение «себя», как чего-то, что важнее других), результатом этого является тирания и жестокость по отношению к другим в массовых масштабах, что история свидетельствовала бесчисленное количество раз.

В классическом романе Достоевского «Преступление и наказание» главный герой Раскольников служит своего рода символическим представлением этой идеи: хотя интеллектуально он создал всевозможные оправдания своего преступления и эмоционально не переживал покаяния, тем не менее преступность отказывалась ассимилироваться и утвердиться в его природе. Его действия отразились в нем на внутреннем психологическом уровне, заставляя его сойти с ума. Жизнь стала противна ему, и все попытки проявления доброты со стороны других вызвали в нем своеобразное отвращение. Он искал искупления, несмотря на то, что отвергал саму идею этого, и даже отказывался чувствовать вину.[11]

Это то, что имелось в виду, когда было сказано, что ахимса опирается на некую «архетипическую основу того, что значит быть человеком». Это то, что мы не можем убрать из себя, даже если действуем и думаем противоположно. В терминологии тантра-йоги это можно объяснить, сказав, что в каждом человеке отражается универсальное сознание, и что наша врожденная природа состоит в том, чтобы стремиться к расширению и трансформации в это безусловное сознание, которое является истинной сутью нас самих. Это должно быть сделано не с помощью отчуждения от мира, а наоборот, постоянно расширяющимся принятием всего творения как части себя, таким образом, что, наконец, не останется "других", а вместо этого только чувство единства со всеми.[12] Мы стремимся к расширению и гармонии и страдаем от разделения и чувства обособленности, и если мы ведем себя так, будто в других нет этого же самого чувства, мы отрицаем что-то фундаментальное в нашем собственной человечности. Ценность, которую мы отказываемся принять в другом, выражается в неспособности испытать ту же самую ценность в себе.

Ахимса включает в себя постоянную практику осознания нашего отношения и чувств к другим, что помогает создать невозмутимое состояние ума, восприимчивое к практике медитации, а медитация, в свою очередь, создает состояние ума, необходимое для практики ахимсы. Медитация действует на подсознание, и для того, чтобы это было возможно, сознательный ум, полный постоянно меняющихся мыслей и чувственных переживаний должен быть приведен в состояние покоя. Взаимодействия между подсознанием и сознанием будут более подробно объяснены в разделе «сатья». Проще говоря, действия, которые идут вразрез с принципом ахимса, вызывают умственное беспокойство, которое делает невозможным концентрацию. Такие действия ограничивают переживания и восприятие, а не расширяют их, и поэтому противоречат самой цели духовной практики. Это относится как к физическим действиям и словам, так и к мыслям и желаниям. На первом этапе такие желания будут возникать, и их следует мысленно трансформировать, чтобы они не превратились в действие. На заключительном этапе они вообще перестанут возникать в уме. Это достигается через процесс постоянного направления ума, который известен как «брахмачарья», четвертый пункт Ямы.

Чтобы быть правильно реализованной, Ахимса требует глубокого размышления о том, что значит быть человеком, и значениях слов «помогать» и «вредить» в контексте этого размышления. Выговор матери ее ребенку, совершенный с любовью и с педагогической целью, приносит благотворный эффект, в то время как неискренние похвалы, оказанные в неподходящее время, возможно, чтобы смягчить неудобную ситуацию в краткосрочной перспективе, могут способствовать возникновению искаженной, нарциссической личности. То, что является и не является ахимсой, зависит от контекста, и осмысленность, которую требует эта дифференциация, дает дополнительный позитивный эффект, заставляя человека постоянно переоценивать то, что значить быть человеком, и становясь более ответственным как личность в этом процессе.

«Вред» может включать в себя нечто столь очевидное, как причинение физического вреда в результате жестокости и насилия; "вред" может быть свидетельством страдания кого-то, даже неизвестного человека, и неоказание помощи ему из-за нежелания усложнять свою личную жизнь; это может быть действие, совершенное косвенно, запланированное одним человеком, но совершенное другим; это может быть вред от пренебрежения своими пожилыми родителями, оставления их без компании, страдающих от чувства заброшенности на последних этапах жизни; вред может быть укоренен в неискренних отношениях, в результате которых, играя с эмоциями другого только ради личного удовлетворения, у человека может появиться комплекс и таким образом возникает цикл недоверия друг другу; вред может быть в виде насмешки над чьей-то искренностью или поощрением их извращений. Этот список можно продолжать и продолжать. Возможно, одной из первых и самых простых вещей, о которых следует помнить в этом контексте, является то, насколько на нас влияет эгоизм. Если внутри есть эгоизм и нарциссизм, нам легко причинить кому-то вред.

Самые глубокие страдания, которые мы можем причинить

другому, находятся в эмоциональной, а не физической сфере: манипуляции, которые деформируют способность любить и получать любовь, или которые вызывают в сознании цинизм и пессимизм. Такие действия могут иметь длительные последствия и их последствия тяжело исправить. Они наносят вред, прерывая естественный поток в развитии личности и мешают человеку с комфортом выражать свой полный потенциал: физический, умственный и духовный. Часто они создают повторяющийся цикл вреда. Вред наносится, прежде всего, пострадавшей стороне, но также и бумерангом возвращается на виновного, мешая на тонком психологическом уровне его собственному эмоциональному благополучию. Ахимса рассматривает оба эффекта: влияние на другого и влияние на собственный ум. То, кем мы являемся, является результатом постоянного взаимодействия нашего «я» с миром, совокупности наших действий и намерений по отношению к другим. По сути, не существует ничего, что можно было бы считать полностью отдельным от нас самих.

С другой стороны, поскольку благодаря практике ахимсы и медитации расширяется чувство эмпатии, оно также начинает включать в область своих объектов нечеловеческие формы жизни. Хотя невозможно жить полностью избегая разрушения живых организмов, тем не менее следует по возможности не лишать жизни других существ. Существует разница между тем, чтобы забрать жизнь у животного для выживания или ради психологического и чувственного удовлетворения в качестве пищи, когда в этом нет особой необходимости. Ахимса, как часть духовной практики, с целью развития чувствительности к ценности всей жизни и имея ввиду, что животные также страдают от боли и хотят сохранить свое существование, рекомендует вегетарианскую диету. Помимо морального аспекта, это также имеет другие физические и ментальные преимущества, которые помогают в медитации.[14] Таким образом, желание жить и развиваться, которое находится внутри каждого существа, включено в наше собственное "Я" чувство. Именно это расширение сознания лежит в основе ахимсы.

САТЬЯ

«Сатья» - это слово без точного русского синонима, но его можно определить как «использование своего ума и речи из внутреннего духа благожелательности».[1] Это не «правдивость» как таковая, как часто определяется, поскольку слово «истина», в смысле «констатации фактов», на санскрите звучит как «рита», которое имеет несколько другое значение.[2] Сатью можно описать как сочетание внутреннего духа честности, искренности и целостности, применяемого к речи: слова используются добросовестно и с доброжелательным намерением.

Когда сатья и рита, доброжелательность и «констатация факта» находятся в согласии, тогда можно следовать обоим. Однако это не всегда так, и когда возникает сложность выбора, когда рита может причинить вред, дух доброжелательности имеет приоритет.

> То, что является фактом, который действительно имел место, мы называем рита ... Когда рита ведет к вреду или когда она несет в себе возможность дезинформации, в этом случае необходимо изменить, улучшить риту и сделать ее подходящим инструментом для продвижения благосостояния. Такая рита, которая ведет к благополучию, называется сатья.[3]

Простые примеры ситуаций, в которых Сатья и Рита находятся в конфликте: скажем, вы прячете кого-то в своем доме, чтобы защитить его от бандитов, и если вы расскажите им «правду» о том, где находится их жертва, то несомненно причините вред; или в случае необходимости сообщить новость о трагической и неожиданной смерти родственника пожилого человека, в этом случае было бы сострадательно подготовить его шаг за шагом к новостям, вместо того, чтобы сразу излагать факты и вызвать шок.

Сатья, как и ахимса, не всегда дает готовые ответы. Она признает, что люди обладают способностями к рациональности и проницательности, и требует, чтобы мы их развивали и использовали.[4] Иногда требуется конфронтация с собственными совестью и мотивацией, чтобы правильно применить сатью. Чтобы понять внутреннее значение сатьи, как этической и духовной практики, нужно понимать, как она влияет на взаимодействие между сознательным, подсознательным и бессознательным разумом, и как это связано с развитием силы воли, уверенности в себе, и личностной целостности, или то, что на санскрите известно как «рьюта» (простота и честность).

В отличие от западной психологии, в которой до сих пор нет точного определения того, что такое «ум», медитативные практики основаны на систематизированной концептуализации ума и его функций. Эти наблюдения включают в себя множество очень дотошных и проницательных описаний о природе восприятия, сознания и взаимодействия между субъективными и объективными реальностями.[5]

По сути, ум или умственные функции разделены на различные уровни, каждый из которых отвечает за определенный тип восприятия. Эти уровни можно назвать «сознательным», «подсознательным» и «бессознательным» слоями ума. Хотя есть сходства, здесь эти термины используются иначе, чем в других школах западной психологии. Чтобы быть более точным и во избежание путаницы, эти слои также можно описать как «грубый», «тонкий» и «причинный» умы или, для более легкой концептуализации, как «до-личностные», «личностные» и «транс-личностные» умы. За этими уровнями лежит чистое, безусловное и неизменное сознание, состояние, к достижению которого и стремятся практики медитации.[6]

Сознательный разум - это та часть ума, которая всегда тесно

связана с объективным, материальным миром и физическим телом. Он получает и принимает формы внешних объектов и сенсорных восприятий, а также имеет дело с физическими импульсами и инстинктами. Как внешний мир постоянно меняется, так и сознательный ум всегда изменчив. На самом деле, это, в некотором смысле, наименее «осознанный» слой ума. На Санскрите этот слой называется «камамая коша», «кама» означает умственные тенденции, относящиеся к физическому миру.[7]

Подсознание или тонкий ум на санскрите называется «маномая коша». «ман» буквально означает «разум» и включает в себя такие возможности, как рациональность, абстракция, символизация, саморефлексия и большую часть субъективного, внутренне-эмоционального мира человека.[8] В то время как сознательный разум проявляет свое привычное поведение, не осознавая его происхождения или мотивов, причиной этого поведения и более глубокие эмоциональные процессы, лежащие в его основе, находятся в подсознании. Возможность их понимания, направления и преобразования также находится в подсознании. Медитация и вся Яма-Нияма воздействуют на подсознательный и субъективный внутренний мир, и оттуда создают трансформацию в наших взаимодействиях и переживаниях объективной реальности. Пока мы не наладим близкий контакт с нашим подсознанием, мы будем рабами своих беспокойных ума и тела. В некотором смысле это можно сравнить с психологией Юнга, когда он говорил об интеграции «бессознательных» процессов в личность. Йогические описания, однако, более специфичны и систематичны в своих определениях.

Помимо значения подсознания как самобытной сферы нашего внутреннего мира, и зависимости от него нашего функционирования в качестве эмоциональной, рациональной и рефлексивной сущности, его важность также заключается в роли связи между сознательным и бессознательным умами. Обычно сознательный разум вовлечен в прямые взаимодействия с физическим миром, тогда как подсознание взаимодействует с сознательным разумом и через него. Процессы саморефлексии, медитации и Яма-Ниямы добавляют новое измерение этому взаимодействию. «Бессознательный разум», или более правильно называемый «причинный разум», имеет трансличностную природу. Он не принадлежит только одному индивидууму, хотя то, как мы его воспринимает, в определенной степени зависит от индивидуальных особенностей нашего подсознания. Причинный разум далее делится на три уровня, которые являются довольно абстрактными, но могут быть описаны как «интуитивный», «архетипический» и «универсальный» умы.[9] Точно так же, как сознание получает информацию от подсознания, подсознание связано с причинным или бессознательным разумом, а бессознательный ум с чистым сознанием, неизменной и вечной эссенцией бытия. В рамках этой схемы также понимается, что вселенная - это творение, сформированное из чистого сознания, как «внутренний мыслительный процесс» этого сознания. Когда индивидуальный разум через свою связь с подсознанием получает доступ к бессознательному, он входит в этот «трансличностный» космический разум, источник мудрости и творческих процессов за гранью нашего чувственного восприятия.

Медитация, дополненная практикой Яма-Ниямы, останавливает сознание до такой степени, что оно сливается с подсознанием. Таким образом достигается ясное видение подсознания. Бессознательное, обычно выполняющее почти неактивную роль в психике, начинает «освещаться» ясностью, и так начинает проявляться в подсознании. Таким образом, доселе неизведанный пласт ума становится заметным. Как будто подсознание - это нижняя комната, соединенная с верхней(с бессознательным) прозрачным потолком. Пока нижний этаж слабо освещен, верхний совершенно невидим. Но когда на нижнем этаже достаточно много света, благодаря этому свету можно видеть, что происходит и на верху. Когда подсознание становится совершенно спокойным, оно сливается с бессознательным и так далее, все ближе к космическому сознанию, которое является самой сутью бытия.

Этот процесс приводит к изменению привычной деятельности ума. Вместо того, чтобы основывать свою работу только на обмене между внешним миром, сознательно и подсознательно, подсознание начинает получать другой вид вдохновения: расширенное восприятие и видение из бессознательного слоя ума. Это создает фундаментальные изменения в подсознании, и, следовательно, во всех наших эмоциональных выражениях, интеллектуальных процессах, в мыслях и в опыте. По мере того как наши ментальные тенденции трансформируются, наши желания и их физические проявления также изменяются: тело, железы, гормональные процессы и нервы соответственным образом приспосабливаются.[10] Мировоззрение, построенное на разделении, изоляции, эгоизме и т. д. превращается в свою противоположность, определяемую единством, гармонией, эмпатией и проницательностью. На практическом уровне это приводит к уверенности в себе, смелости, силе воли и самоотверженности. Это также позволяет возникнуть чувству надежды в самом глубоком смысле этого слова.

Как же это все связано с практикой сатьи? В восточной космологии и разум и вселенная описываются как «спектр волн», чья «длина волны варьируется от тонких до грубых уровней».[11] Материя состоит из самых плотных волн, с наибольшим количеством и частотой искривлений, ум является более тонкой волной в зависимости от уровня осознанности, а чистое сознание вовсе не имеет вибраций, оно как бы совершенно прямая линия, вне всяких условий и относительности. Медитацию можно описать как процесс выпрямления волн обусловленного ума, пока они не станут прямой линией и не сольются с безусловным сознанием.[12] Сатья облегчает этот путь, поскольку она удаляет искривления мыслительных процессов и заменяет их ясностью, которая позволяет превзойти ограничивающие эмоциональные переживания и обусловленность своим "Я" чувством. Сатья является прикладной стороной медитации, практическим выражением этого выпрямления ментальных вибраций:

> ... идеал высшей свободы сознания ... находится не только на интеллектуальном или эмоциональном уровне, он имеет этическую основу и должен быть реализован в виде действия.[13]

Речь - это внешнее выражение мысли, поэтому сатья - это, прежде всего, состояние ума, а затем внешнее выражение этого состояния. Лицемерием является несоответствие между мыслями и намерениями, и между словами или действиями. Это несоответствие или отсутствие внутренней честности, особенно когда оно становится привычным и интегрированным в личность, мешает расширению ума, к которому мы стремимся с помощью медитации. Оно вызывает грубые вибрации в разуме и ограничивает доступ к подсознанию. А если к подсознанию нет доступа, медитация невозможна.

Беря пример из популярной литературы, Д.Р.Р. Толкиен во «Властелине колец» предоставил отличный образец этого несоответствия и недостатка сатьи в характере Сарумана. Хотя Саруман обладал обширными знаниями, у него были определенные противоречия внутри своей личности, что и привело к его падению. В частности, он обладал «силой слова». Он знал, как использовать слова, чтобы манипулировать и искажать мысли и решения других людей; тем самым напоминая образ современного политика.[14] Толкиен поясняет, что сила его риторики не была магической природы, а скорее заключалась в его способности убеждать:

> Голос Сарумана не гипнотизировал, а убеждал. Те, кто слушал его, были в опасности не впасть в транс, а согласиться с его аргументами, будучи в здравом рассудке. У слушающих всегда оставалась свобода воли, чтоб отвергнуть как и его слова, так и последующее впечатление. Саруман использовал во вред саму силу рассуждения и логики.[15]

Чем больше он использовал эту власть над другими, тем больше искажал свое собственное внутреннее видение и, из-за этого, сам стал манипулируемым, что и привело к его трагическому концу. Саруман поступал противоположно своему бывшему другу, Гэндальфу, который, несмотря на то, что тоже был искусен в дипломатии и имел силу в своих словах, никогда не терял ясности ума в ловушках ложных намерений. Риторика каждого была выражением внутренней работы их умов, которая привела к падению одного и успеху другого.[16]

«Рьюта», как уже упоминалось, является санскритским словом, которое можно перевести как «честность». Сатья создает эту Рюту, или внутреннюю прямоту, исправляя искривления в уме. Зная, что ты не сделал ничего плохого и не намерен этого делать, ум развивает силу, смелость и душевное равновесие.[17] Человек становится уверенным в себе, перестает зависеть от внешних сил и обстоятельств. Самая прочная основа силы воли и самооценки - это ясность и независимость личности, созданная следованием сатьи. Верно и обратное: внутренние противоречия ослабляют волю, ум угнетается и впадает в депрессию, теряя мотивацию для решения жизненных проблем. Надежда - это тенденция, без которой люди не могут жить. Надежда не столько в смысле «что-то хорошее произойдет» или «мои желания будут выполнены», но скорее в смысле возможности раскрытия, возможности реализовать свой потенциал на практике, но, что еще более важно, внутренне: надежда когда-нибудь открыть глубины себя и познать суть жизни. Когда надежда разрушена, жизнь теряет свой смысл. Поддержание и реализация надежды зависит от сатьи, как от того, что вдохновляет личность на преодоление препятствий с уверенностью, желанием и внутренней целостностью, используя силу доброжелательности.

С философской точки зрения слово «сатья» также используется для обозначения космического сознания, которое, как было уже упомянуто, является самой «сутью сатьи». Именно там нет никаких противоречий, разногласий между противоположностями, а есть только совершенно чистый поток безусловного сознания.[18] С практической стороны, сатья взаимодействует с объективным миром, но внутренне, она пытается познать свою истинную суть, сатью чистого сознания.

АСТЕЯ

Астея означает «не пытаться завладеть тем, что принадлежит другому» и не развивать в себе желание сделать это. Это «не воровство» как в мыслях, так и на практике.[1]

Причины, лежащие в основе этого правила, во многом совпадают с причинами, указанными в отношении сатьи: действия и желания, противоречащие астее, создают искривления в разуме и, как следствие, беспокойство в подсознании. Человек, который ворует, не может следовать сатье, поскольку он должен прибегнуть к нечестности, чтобы скрыть свое поведение, и эта нечестность, в свою очередь, приводит к известным психологическим результатам. Кроме того, само стремление к собственности других людей может создать нездоровую одержимость материальным и вызывает негативные тенденции ума, такие как: ревность, обиды и т. д.

Подобно ахимсе и сатье, выполнение астеи также начинается в уме. Не красть из страха наказания - это не астея. Это только создает личность с двойными стандартами, лишенную сатьи и простоты. Астея означает не только не воровать из принципа, но также не желать этого. Наибольшее значение имеет даже не само действие, а состояние ума, которое сопровождало его.

Астея делится на две категории. Первая - это фактическое кража, а второе - косвенное лишение кого-либо путем обмана, манипулирования или коррупции.[2] Когда один ворует у другого, это касается не только физического объекта. Это также касается работы, которую проделал другой человек для получения этого предмета, для чего он был нужен, или какую сентиментальную важность он мог иметь. Любой, у кого было украдено даже нечто незначительное может вспомнить то чувство предательства, которое вызвала кража.

Менталитет «Робин Гуда» также не совместим с астеей. Даже если собственность другого была получена незаслуженно или вследствие несправедливой социально-экономическое системы, это не дает право воровать. Если проблема заключается в плохо спроектированной социальной системе, в коррупции или неправильном экономическом планировании, то необходимо предпринять усилия, чтобы решить источник этих проблем, чтобы облегчить правильное перераспределение богатства, заработной платы и возможностей. Это требует усилий и борьбы. Желание и нечестное приобретение чужой собственности - «грабить богатых, чтобы отдавать бедным», оказывается «легким выходом» из более глубоких системных проблем, продолжением негативного цикла, умственный трюк, оправдывающий оппортунизм. Психологически этот подход и вредит самому человеку, и не является надлежащим менталитетом, на котором можно пытаться построить хорошую социальную систему.[3]

Хотя в немного ином контексте, Анандамурти подчеркивает этот момент в других текстах,[4] объясняя, что в соответствии с сутью духовности - материальный мир не является истинной собственностью кого-либо, и человек имеет только право охранять и использовать его. На человечестве лежит ответственность за поиск наилучшего способа использования и разделения мировых ресурсов на благо всех. Люди имеют естественную привязанность к своей собственности и желание зарабатывать в соответствии со своими усилиями и заслугами, что, конечно, должно учитываться. В то же время следует развивать внутренний дух «собственности», заключающийся не в том, чтобы «владеть» чем-то самим по себе, а в том, чтобы нести ответственность за заботу и использование какой-либо конкретной вещи для достижения конструктивного результата.[5]

Второй аспект астеи касается акта мошенничества: не платить кому-либо за оказанные услуги; проезд на общественном транспорте без билета; требовать льготы, на которую ты не имеешь права; злоупотребление интеллектуальной собственностью. Астея во многих отношениях является продолжением сатьи в отношении приобретения имущества и богатства. Дух астеи в сочетании с сатьей также может быть распространен на абстрактные вещи. Таким образом, например, получение влияния, власти или работы незаслуженно, (и, таким образом, лишение другого того же самого) посредством ложной квалификации, кумовства или подкупа, противоречит не только астее, но также и сатье и ахимсе. Хотя значение и смысл астеи несколько проще понять, чем сатьи и ахимсы, для ее практики также требуется саморефлексия и чувство ответственности за последствия своих действий и желаний.

БРАХМАЧАРЬЯ

Брахмачарья является постоянным осознанием Брахмы (божественного сознания) во всем, что ты делаешь, и во всех сущностях и объектах, с которыми взаимодействуешь. Как уже объяснялось, основа йоги и, с конкретной точки зрения этой книги, практики тантрической медитации - это усилия по расширению индивидуального сознания, направленные на достижение состояния безусловного универсального сознания. Это сознание является нашей истинной сущностью, а также базовой субстанцией всего мироздания, и, следовательно, когда индивид испытывает и отождествляет себя с ним во все возрастающей степени, то все, что, по-видимому, являлось внешним, начинает восприниматься как часть собственного существования. Изоляция и разделение сменяются всепроникающий чувством единства. «Брахма» брахмачарьи относится к этому вселенскому сознанию. Брахмачарья - это осознание сути вещей, а не только их поверхностного проявления, благодаря которому все действия и предметы повседневной жизни находят свое место как часть внутреннего духовного поиска.

… (это) учение - это возвышение через активное действие … где конечное является символом бесконечности. Бесконечность запечатывает свою собственную природу и тем самым изобилует всеми возможными формами.[1]

Эта идея была хорошо выражена Марком Дичковским в его сравнении мировоззрений кашмирского шайваизма (формы тантры) и Веданты:

Метод Шайва основан на постоянном включение в себя явлений, ошибочно считающихся существующими вне абсолюта. Метод веданты, с другой стороны, стремится понять природу абсолюта, исключая (ниседха) все, что не соответствует критерию абсолютности, тогда все, что останется, - это безусловный Брахма. Подход Шайвы - это подтверждение, а Веданты - отрицание.[2]

Брахмачарья - это выражение первого метода, который принимает все разнообразные выражения мира как фундаментально божественные. Это относится как к объектам и действиям, так и к субъективным переживаниям, связанным с ними. В этом контексте «Вигьяна Бхайрава Тантра» делает интересное наблюдение, что любой чувственный опыт, если отследить его до первоисточника, может быть использован для продвижения в духовном осознании. Во время интенсивных эмоциональных переживаний ум становится полностью сфокусированным и поглощенным происходящим. Такие моменты, радостные или болезненные, на самом деле являются эфемерными. Разум, не осознающий их истинной сути, в случае радостных переживаний желает постоянно испытывать их, а ничего постоянного в природе невозможно, поэтому он в результате остается беспокойным. Если переживания чрезвычайно болезненны, человек пытается избавиться от них, также не понимая их внутреннего значения. Однако, если человек способен преодолеть ограниченное восприятие мысленных конструкций и наблюдать внутреннюю (и вечную) сущность таких переживаний, и в то же время быть внимательным к тому, каким образом ум погружается в эти чувства, то такое понимание работы своих ментальных процессов может быть использовано в духовной практике в качестве концентрации на идее, которая выходит за рамки обусловленности: «Я - Брахма», всепроникающее вселенское сознание.[3]

Анандамурти подтверждает подобное использование

психических ресурсов, когда он говорит, что духовный практикующий не должен подавлять склонности ума, а вместо этого учиться использовать их в своих интересах.[4] Брахмачарья опирается на этот подход к духовности, применяя его ко всем взаимодействиям в повседневной жизни, от самых обыденных моментов до самых исключительных.

Прежде чем продолжать объяснять подход и преимущества брахмачарьи, стоит упомянуть о некоторых неправильных толкованиях этого термина, которые можно найти в многочисленных текстах и комментариях. Очень часто брахмачарью трактуют как «сексуальное воздержание», которое иногда фразируют немного иначе, чтобы сделать его более приемлемым для современного изучающего йогу.[5] Такое переопределение термина вряд ли необходимо, так как этимология слова "брахмачарья" не содержит упоминания ни о сексуальности ни о воздержании. Хотя можно сказать, что «брахмачарья», правильно определенная как постоянное осознание Брахмы, может помочь интегрировать сексуальность в свою жизнь сбалансированным образом, или наоборот, что правильно интегрированная и понятая сексуальность облегчит практику брахмачарьи, это не определение и не фокус самого термина. Анандамурти также утверждает, что трактование брахмачарьи, как безбрачия, было изобретением определенного класса так называемых «религиозных» людей на историческом перекрестке, когда они пытались навязать свой контроль и превосходство над массами общества. Определение термина таким образом наложило комплекс духовной неполноценности на население и открыло путь к эксплуатации:[6]

> Это своеобразное толкование брахмачарьи может и имеет какой-то смысл, но в нем нет сатьи. Следовательно, в нем нет ни дхармы ни брахмы.[7]

Несомненно, есть место для безбрачной жизни для тех, кто

хочет этого. Этот выбор хорошо подходит для тех, кто хочет посвятить себя какой-то особой работе или учебе, которая будет полезна обществу, или у кого просто есть другие интересы. В этом случае воздержание и безбрачие - это не самоцель, а средство достижения определенного замысла, где оно только помогает приобрести особую концентрацию, и создать условия, для посвящения всей своей энергии миссии.[8] Хорошо спланированная семейная жизнь также идеально подходит для духовной практики, предлагая стимулирующий вызов сбалансированного служения своей семье и обществу в целом.[9]

Конечно, брахмачарья даже в своем правильном трактовании будет косвенно касаться того, как рассматривать сексуальность в индивидуальной и коллективной жизни. Точно также, как ахимса и сатья связаны практически с каждым аспектом проявления ума. Доминирующая тенденция рассматривать противоположный пол как объект сексуального удовлетворения, и то, что эта мысль приходит на ум раньше любого другой, очевидно, не соответствует духу брахмачарьи. В том же ключе, сексуальность, используемая как форма эмоциональной манипуляции или шантажа, осознанно или неосознанно, плохо сочетается с сатьей. Что касается ахимсы, то есть травмирующие психологические последствия злоупотребления доверием, такие отношения являются источником цинизма и потери доверия к человеческим взаимодействиям из-за отсутствия искренности и саморефлексии. В этом смысле, для внимательного, сфокусированного и чуткого состояния ума, необходимого для медитации, конечно, рекомендуется, чтобы этот аспект человеческой личности был разумным образом интегрирован в повседневную жизнь в соответствии с временем, местом и личностью, чтобы он производил что-то конструктивное, а не разрушительное: любовь, сострадание и рост, а не нарциссизм. Определяющим моментом здесь является то, что это должно быть решение, принятое с осознанностью и чувством ответственности.

Брахмачарья - это внутреннее мироощущение, применённое

во внешнем мире. В медитации человек направляет свой ум особым способом, чтобы во все большей и большей степени испытывать состояние безусловной осознанности, которое является истинной сутью его "Я" чувства: идеация на то, что «Я есть Брахма». Брахмачарья затем применяет эту идеацию к внешнему миру, т.е. «этот мир также Брахма».[10] Ум, имеющий устойчивую точку концентрации, способен удерживать широкий ракурс, не отвлекаясь и не рассеиваясь, даже когда он занят повседневными задачами.

С психологической точки зрения, это тонкий и эффективный способ управления своим умом. Разум со всеми его чувствами, надеждами и желаниями подобен заблокированной реке, в какой-то момент он перельется через край. Он не может контролироваться только внешними ограничениями, или неосвоенными должным образом идеалами, которые в конечном итоге приведут к подавлению и психическим проблемам. В то же время река без берегов, которые направляют и "ограничивают" ее, не может двигаться вперед. Она перестает быть рекой и становится застойным водоемом. "Свобода" без цели, или во имя эго-центризма или эскапизма от трудностей и экзистенциальных вопросов человеческой жизни, это все равно, что сказать, что у нас есть «бесконечная свобода сковывать себя», не осознавая, что «оковы означают конец свободы».[11] В реке нашего разума мы не должны строить плотины, но и не должны размывать берега, то есть "ограничения", которые на самом деле не ограничивают, но обеспечивают наш поток направлением и динамизмом:

> Наша жизнь, как река - постоянно врезается в свои берега, но не затем, чтобы найти себя ограниченной ими, а чтобы каждый раз заново осознавать, что впереди ее ждет бесконечный путь к морю.[12]

Наша работа состоит в том, чтобы сконструировать эти берега таким образом, чтобы они легко и свободно позволяли течь потоку нашего разума к постижению себя и совершенствованию наших человеческих чувств: преобразовать саму структуру подсознания, чтобы это измененное сознание стало постоянным и спонтанным, чтобы мы стали теми, кем действительно являемся на самом деле. Или по словам персидского поэта Сохраба Сепехри:

> Струящейся рекой позволь нам быть...
> ...Врезаясь в берега постоянно создавать новые границы и каждый раз освобождаться от них. Позволь нам плыть, шепча об этой свободе.[13]

Брахмачарья служит руководящим принципом для нашей жизни: постоянный поиск и осознание глубины во всем, что мы делаем, и во всем, что нас окружает. Наши обязанности, как приятные так и болезненные, становятся частью этого осознания и поиска нашей истинной сути, и, таким образом, мы превосходим самих себя; мы наслаждаемся этим материальным миром не с желанием обладать им, но просто таким, такой он есть, за вопросы, которое он заставляет нас задавать и за возможности, которые он дает; любовь ищет свой исток, и мы любим не чтобы обладать чем-то, мы любим бесконечность, скрытую в нашем возлюбленном, где любовь помогает процессу раскрытия этой личности. Мы можем ухаживать за садом, убираться дома, готовить обед с одной и той же идеей в уме. Боль и удовольствие не отбрасываются и не подавляются, но принимаются как часть необходимого трения в реке нашего разума, которые помогают продвигаться водам вперед и утверждаться в более глубоком восприятии жизни.[14] Помня о брахмачарье, мы также помним ахимсу, сатья, астею и апариграху.

Брахмачарья служит подземным потоком вдохновения для других Ям и позволяет прикоснуться к вечному в мире относительности (каким мы его воспринимаем с точки зрения этики). Это начинается как своего рода самовнушение, попытка осознания, которое, по мере того как мы продвигаемся по духовному пути и растем как люди, постепенно превращается в настоящее состояние бытия.

АПАРИГРАХА

Апариграха - это суть «простой жизни», использование материальных ресурсов в соответствии с реальными потребностями, без избытка.[1] Где брахмачарья - это осознание своего внутреннего, субъективного подхода к материальному миру, апариграха относится к самообузданию в отношении фактического и практического использования и обладания материальными объектами. На коллективном уровне это признание того факта, что материальные ресурсы ограничены и что неограниченное использование или нерациональное распределение этих ресурсов отдельными лицами или какой-либо одной социальной группой или страной имеет этические и практические последствия для остальной части общества, а также для окружающей среды. На психологическом уровне апариграха признает, что, хотя людям необходим определенный уровень материального комфорта, чтобы полностью развить свои способности и потенциал, а также поделиться этими способностями с обществом, сам по себе материальный комфорт не является ни целью жизни, ни конечным источником внутреннего удовлетворения. Напротив, попытка дать материальные ответы на эмоциональные и духовные вопросы, путая поиск смысла и роста с непрерывным поиском удовольствия, является источником психического беспокойства на индивидуальном уровне и социальной несправедливости на коллективном.

Апариграха - это внешнее проявление сантоши, или умственного удовлетворения, одного из правил Ниямы, о котором мы поговорим позже. Это выражение ментального равновесия, которое рационально и сознательно происходит из знания, что и сколько нужно человеку на материальном плане, а также границ счастья, которые могут обеспечить материальные блага, и что мы, люди, больше чем просто наши физические желания.

Апариграху следует воспринимать не как отказ от физических потребностей, а как поиск баланса. Далее идет удачное сравнение с фактом двойственной природы желаний тела: с одной стороны, у нас есть импульс к эгоцентричному физическому удовлетворению, а с другой - стремление к здоровью. Этот поиск здоровья может быть описан как:

> «... желания нашей физической системы в целом, которые мы обычно не осознаем ... не имеют отношения к непосредственным сиюминутным телесным желания, они выходит за рамки настоящего времени. Наша система соблюдает принцип целостности, она связывает нашу жизнь с ее прошлыми и будущими состояниями и поддерживает единство ее частей. Тот, кто мудр, знает это и делает свои другие физические желания гармонирующими с этим принципом ».[2]

То же самое можно применить к социальному телу, как к организму, в котором мы, как личности, являемся клетками, и в этом контексте, так же, как человек ищет здоровье в балансе индивидуальных физических желаний и потребностей - «тот, кто мудр, пытается гармонизировать желания, которые стремятся к самоудовлетворению с желанием общественного блага», и таким образом ум способен прежде всего познавать себя и свои собственные модели мышления и психологические процессы посредством саморефлексии и сдержанности, а затем расти за их пределы. Здесь также может быть применено то же сравнение, которое уже дано в объяснении брахмачарьи - разума, как реки, и видимых ограничений, как берегов, которые фактически являются импульсом реки для движения. Другой вариант - это человеческая жизнь как «трагедия», которая «состоит из тщетных попыток расширить границы вещей, которые никогда не могут быть безграничными», вместо того, чтобы прийти к пониманию их истинной природы и цели, и как следствие - понять причину своей неудовлетворенности такими стремлениями.

Апариграха, как и всякая Яма-Нияма, основана на признании относительности наших жизненных переживаний, даже если эта относительность ищет опыта безусловного универсального принципа. Материальные потребности каждого человека различны, так же как потребности каждого физического тела в пище варьируются в зависимости от массы тела, деятельности и климата. Эти потребности также зависят от концепции счастья и комфорта каждого человека. Интеллектуально настроенному человеку, работающему в качестве профессора университета, требуются книги и учебные материалы, чтобы выполнять свою работу и чувствовать себя удовлетворенным. Для другого, такие вещи могут показаться абсолютно лишними. Скульптору нужны пространство и материалы для работы, садовнику - земля, инструменты и семена. Каждый человек нуждается в еде, жилье, одежде и медицинском уходе, но никому не нужны дизайнерские брэнды или земля и имущество за пределами своего дома, где он живет, работает или выращивает пищу. Основополагающий дух апариграхи заключается в том, что по мере того, как внутреннее удовлетворение углубляется, материальные потребности человека естественным образом уменьшаются, и в дополнение к этому естественному явлению следует также предпринять сознательное усилие из эмпатии и альтруизма, чтобы перенаправить то, что больше не нужно, или время и энергию, которые ранее были сосредоточены на выполнении материальных желаний, на благо общества в целом.

Есть еще один санскритский термин, "вайрагья", который разделяет этот же дух. Термин "вайрагья" раньше интерпретировался как означающий отречение от мира и отступление в жизнь самоотречения и аскезы для некоторой воображаемой духовной выгоды. Анандамурти разъясняет это и утверждает, что «это означает лишь попытку понять истинное предназначение вещей и затем правильно их использовать».⁵ или, другими словами, это акт сбалансированного восприятия, который предотвращает воздействие на разум чрезмерного или иррационального влечения или отвращения к указанному объекту:

> Правильное использования вещей - это вайрагья. Правильное использование чего-либо в рамках идеи вайрагьи не превращает разум в раба постоянного влечения к объекту... (из-за того, что его не привлекают грубые вещи, ум становится тонким...)⁶

Вайрагья достигается через акт проницательности и осознания, известный как вивека (совесть):

> Одна и таже вещь, в зависимости от обстоятельств, может стать добром или злом, и разборчивость в этом называется вивека. Только с помощью совести (вивеки) ум может распознать добро или зло в предмете или в действии. Следовательно, вивека необходима для того, чтобы следовать вайрагье...⁷

Внутреннее удовлетворение и равновесие, приобретаемые благодаря духовной практике, поддерживаемой вайрагьей и вивекой (которые также развиваются и совершенствуются благодаря самосознанию, приобретенному в медитации и, в свою очередь, способствуют практике медитации), выражаются практически как апариграха: использование материальных ценностей основанное на здравом смысле, или что Анандамурти назвал «максимальным использованием и рациональным распределением ресурсов на благо всех».⁸ Здесь апариграха становится не только индвидуальным отношением к миру, но дополнительно отражается в социальной и экономической жизни. Яма-нияма - это основа, на которой становится возможной не только духовная практика, но это также база, на которой можно построить здоровое общество. Функционирующее общество зависит от качества сотрудничества его членов, и это сотрудничество, в свою очередь, зависит от хорошо продуманного этического кодекса, который поддерживает развитие эмпатии, взаимного доверия и здоровых взаимоотношений, которые и создают среду, в которой разнообразные проявления человечности могут процветать и раскрываться. Здесь также возникает вопрос о том, как организовать эффективную и этичную экономику, которая поддерживает рациональное распределение ресурсов, и чьи институты и предприятия, благодаря присущей им структуре, способствуют духу сотрудничества и чувству коллективной ответственности. Такая структура должна поощрять этическое поведение, но также зависеть от него, рассматривая экономику, человеческие отношения и культуру как взаимосвязанные аспекты друг друга.[9] Таким образом, апариграха начинается как личное поведение, но благодаря самой своей природе ведет к решению практических вопросов коллективной жизни и социально-экономических систем.

НИЯМА

ШОАЧА

Шоача (произносится «шоа-ча») переводится как «чистота».[1] Она имеет как внешний, так и внутренний аспект, и используется в отношении тела, разума и окружающей среды. Поскольку Ниямы в основном являются внутренними психологическими установками, фокус шоачи тоже является внутренним и ментальным, внешние аспекты которого выступают в роли стимуляторов желаемого внутреннего состояния.

Предположим, в качестве общей предпосылки и не вдаваясь в детали, что наше восприятие событий и их эмоциональный опыт окрашены сочетанием наших подсознательных психических процессов, которые поддерживаются привычками, заложенными в гормональной и нервной системах; прошлым и настоящим опытом; и стимулами, полученными от внешней среды. Йогическое мировоззрение также предполагает, что определенная часть всего этого состоит из впечатлений от прошлых действий (из текущих и предыдущих жизней), ожидающих своего самовыражения. Они известны как «самскары» и создают основу нашей личности и психологической ориентации, которые вместе со свободой воли и другими воздействиями окружающей среды создают личность каждого человека.[2] Все эти влияния, прошлые и настоящие, внутренние и внешние, физические и психические, объединяются, формирую наш уникальный и обусловленный субъективный опыт жизни. Чтобы привести простой визуальный пример, представьте разум, как идеально гладкий круглый шарик теста. Каждое действие, которое мы совершаем или воображаем, и каждый стимул, который получают тело и разум, создает в нем отпечаток по такому же принципу, как шарик теста, когда его тыкают пальцем, меняет свою форму. Эти отпечатки (самскары) обуславливают и усложняют наш ум, и благодаря им мы воспринимаем мир уникальным образом. Самскары стремятся выразить себя так, чтобы разум мог вернуться к своей первоначальной форме и необусловленному опыту переживания себя, вызванного этой формой.[3]

Шоача, в этом контексте, относится к тому, что мы позволяем впустить в наш разум, учитывая психическое впечатление и, следовательно, эмоциональные и характерные черты, которые будут приобретены нами в результате. Наши ментальные комплексы, будь то стыд, страх, эгоизм или любая другая форма, которую они могут принять, создают искажения в уме, которые затем отражаются в поведении человека по отношению к другим.[4] То же самое относится к любому виду эмоциональных импульсов или эгоистичных желаний, которые действуют без осознания или руководства совести. Шоача, «умственная чистота», - это акт осознания и принятия ответственности за то, что мы допускаем в наш разум и за психологические паттерны, которые мы поощряем, а также акт «очистки» того, что уже нашло дом в грязной комнате внутреннего я.

Чтобы лучше понять принцип шоачи, ее можно разделить на четыре части: «внешне-физическая», «внутренне-физическая», «внешне-психическая» и «внутренне-психическая».

«Внешне-физическая» шоача относится к усилиям по поддержанию тела и окружающей среды таким образом, чтобы создать состояние физической и умственной легкости, способствующей правильному психическому развитию и благородству ума, вместо постоянных ментальных волнений и эгоцентризма, которые делают человека неспособным сочувствовать другим и, следовательно, увеличивают возможность причинения вреда, сознательно или нет. В этом отношении йога очень практична и предлагает широкий спектр советов по поддержанию физического тела с особым акцентом на нервную и гормональную системы, признавая, что даже когда человек сознательно желает добра, иногда тело и железы могут работать вопреки этому желанию.[5] Одна из основных функций физических практик йоги - помочь минимизировать этот конфликт. Позы йоги, или асаны, предназначены специально для работы с гормональной, лимфатической и нервной системами, чтобы создать гармоничное функционирование тела, ума и эмоций. То же самое можно сказать и о советах йогов о регулярном купании, и о других практиках, касающихся физической чистоты.[6]

Эта идея также может быть объяснена другим способом через концептуализацию системы чакр как эмоциональной карты тела относительно расположения желез. Идея заключается в том, что каждая из чакр связана с определенными психическими тенденциями, известными как «врити». Муладхара чакра, расположенная в основании позвоночника, относится к четырем основным потокам человеческих желаний: физическому, психическому, психо-духовному и духовному (кама, артха, дхарма и мокша). Все это существенные аспекты человеческого существования, однако для того, чтобы каждый из них нашел свое место, физическое должно руководствоваться психическим, а психическое - духовным. Если вся психическая энергия тяготеет к физическим желаниям, тогда тонкие человеческие чувства не смогут развиваться. С другой стороны, когда физические желания руководствуются разумом, они смогут адекватно встроиться в глобальную схему вещей. В этом случае, существуя в связи с тонкими человеческими эмоциями, а не только как слепые инстинктивные силы выживания, они принимают новые формы и находят свое место в человеческой культуре.

Свадхистхана чакра, расположенная над муладхарой, пониже пупка, связана с эгоистичными тенденциями, такими как жестокость, унижение или отсутствие здравого смысла. Манипура чакра, расположенная в области пупка, имеет динамическую природу и отвечает за поддержание баланса между двумя низшими и двумя высшими чакрами. Она также содержит в себе эгоистичные и ограничивающие тенденции, такие как страх, застенчивость или отвращение, но они являются более эмоциональными, чем чисто инстинктивными.[7] Когда нижние чакры и связанные с ними железы чрезмерно стимулированы или возбуждены, манипура не справляется со своей ролью модератора, тогда тенденции низших чакр берут верх, и эгоизм и импульсивное удовлетворение становятся доминирующими силами. Если железы, относящиеся к низшим чакрам, функционируют сбалансированным образом, манипура начнет руководствоваться высшими чакрами: анахатой и вишудхой, и поток психических тенденций будет становиться все более великодушным и альтруистическим. В этом случае все функции человеческого тела и тенденции ума начнут находить свои подходящие места в индивидуальной жизни, и дальнейшее психическое и духовное развитие будет проходить естественным образом, шаг за шагом. «Внешне-физическая» шоача - это попытка заботиться о теле и эндокринной системе через понимание взаимосвязи тела с умом, чтобы регулировать его самым простым и естественным способом.

Вышеисложенное объяснение системы чакр является интересным дополнением, но оно не необходимо для понимания внешнего аспекта шоачи. Подобным образом можно сказать и о «внутренне-физической» шоаче. «Внутренне-физическая» шоача ссылается на йогическую науку о еде, и ее идея в том, что то, что мы едим, формирует все клетки тела и гормоны, вырабатываемые железами, а также влияет на эмоциональное состояние, чувствительность и способность концентрироваться и погружаться в медитативные практики. Таким образом, пища должна выбираться таким образом, чтобы она создавала высокое состояние ума, способствующее настоящей шоаче, которая по сути является психической.[8]

«Внешняя психическая» шоача относится к тому, что человек видит и воспринимает из внешнего мира. Это значит направлять чувства так, чтобы они усваивали то, что полезно для умственного прогресса и эмоционального развития, и формировали привычку избегать того, что могло бы быть вредным. Идея здесь заключается в том, что все, что принимается в ум на регулярной основе, создает укореняющиеся психические или неврологические паттерны, которые повторяются, даже когда стимулы отсутствуют, ослабляя силу воли и делая такие привычки каждый раз более трудными для сопротивления. Идея шоачи заключается в том, чтобы поддерживать «чистоту» ума посредством обучения и осознания того, что человек хочет ассимилировать в своих мыслях, вместо того, чтобы принимать все, что попадается ему на пути, а затем разбираться в получившемся беспорядке. В начале это требует определенных усилий, но затем постепенно становится естественным процессом, когда создаются и применяются новые привычки. Такая практика также помогает в медитации, поскольку она помогает развивать силу и сосредоточенность ума.

Помимо работы с постоянно формирующим привычки мозгом, внешне-психическая шоача также косвенно связана с идеей развития умственного фокуса на основе способности находить ценность и получать удовольствие от усилий, направленных на творческие и созидательные желания вместо влечения к сиюминутному удовлетворению, которое не несет в себе какого-либо личностного роста, но зато предлагает легкую «награду». В последнем случае творческая энергия человека тратится впустую, и человек никогда не узнает ни о своих искренних мотивациях и мыслительных процессах, ни о том, чего он действительно желает от жизни, и как этого достигнуть. Вспоминая «О дивный Новый Мир» Олдоса Хаксли, где человек становится рабом сиюминутного и поверхностного удовлетворения чувств без какой-либо цели, кроме непосредственно удовольствия, оставаясь в инфантильном эмоциональном состоянии, поэтому им легко манипулировать и контролировать, он находится в плену собственного разума и чужих мнений.[9]

Итак, первые три аспекта подводят к четвертому, «внутренне-психическому» аспекту шоачи. Это усилие поддерживать чистые намерения внутри себя и заменить эгоизм на великодушие.

Частично это достигается через осознание и перенаправление своих мыслей, частично через взаимодействие с другими людьми, и, конечно, через процесс медитации.

Практику шоачи можно сравнить с практикой чистки окна, за пределами которого открывается обширный и захватывающий вид. Когда оно грязное, ничего не будет видно. Едва заметно меняющиеся узоры света, восход, закат или ясное тепло дневного солнца не достигнут вашей сетчатки через мутное стелко. Или, например, представьте, что вы видите мир глазами, страдающими от катаракты. Шоача - это мытье окон, которое необходимо проводить регулярно, чтобы получить идеальный вид на открывающийся пейзаж: очищение ума для того, чтобы видеть мир таким, какой он есть, все глубже проникая в его сущностную природу, а не всматриваться в наши комплексы и обусловленность.

Простой способ проводить эту «умственную чистку» состоит в том, чтобы всякий раз, когда в уме появляется нежелательная или отрицательная мысль, брать идею противоположной природы и использовать свою силу воли, чтобы следовать этой идее. Таким образом, нейтрализуется негативная мысль и развивается сила воли. Например, если вы завидуете чьему-либо счастью или успеху, попытайтесь противопоставить этому чувству сердечную радость за чужие успехи, будто этот человек - ваш лучший друг или родственник. Начните с ментального противодействия негативной идее, то есть с позитивных мыслей, а затем, насколько это возможно, осуществите эти намерения на практике. Найдя в своем уме эгоизм - сразу же постарайтесь превратить его в универсализм с помощью бескорыстного служения другим. Эту практику иллюстрирует шлока из Будда Вани:

Akkodhena jine kodham asádhum sádhuná jine
Jine kadariiyam dánena sattyena aliikavádinam.

Преодолейте гнев с помощью терпения, преодолейте

нечестность с помощью честности, преодолейте жадность с помощью щедрости, преодолейте ложь с помощью истины.[10]

Эта идея, применяемая внутри и направленная на тенденции собственного ума, и в сочетании с медитативной практикой, которая стремится расширить ум от эгоцентричного к универсалистскому подходу к жизни, образует прочную основу для внутренней психической шоачи. Или, по словам П. Р. Саркара:

Когда потоку ума не препятствуют эгоизм, узкомыслие и суеверия, это само по себе и есть мукти (освобождение).[11]

Шоача - это попытка устранить эгоизм, узость и догму из разума, и благодаря этому процессу мы можем коснуться таких высоких состояний, как «свобода» и «мукти» или «духовное освобождение».

Сантоша

Сантоша - это очередное слово без точного русского перевода. Хотя это можно перевести как «удовлетворенность», необходимо более широкое объяснение, чтобы понять его точное значение. «Тоша» означает «удовлетворенность» в смысле «состояния душевного спокойствия», которое ощущается после того, как исполнилось желание человека к определенному объекту или опыту. «Сантоша» можно понять как «всестороннее удовлетворение» или «состояние полного внутреннего покоя».[1] Возникает вопрос: в чем разница между этими двумя? Чтобы понять это, прежде необходимо узнать разницу между двумя другими терминами: «сукха» и «ананда». Сукха означает «счастье» в смысле удовольствия, которое человек переживает, воспринимая ситуацию в соответствии со своим конкретным психологическим уклоном или, выражаясь по-другому, в соответствии со своими «самскарами» или ментальными тенденциями, возникающими в результате впечатлений, сформированных в результате прошлых действий и ищущих способ для своего выражения, как было объяснено в предыдущей главе.[2] Как и все в относительном мире, «сукха» временна и имеет противоположное чувство - «дукха», боль и страдание. Жизнь - это непрерывный танец между комбинаций этих пар противоположностей. Следует также отметить, что эта «сукха» не обязательно подразумевает что-то полезное или позитивное для всех одинаково. То, что считается приятным для одного, может считаться столь же неприятным или утомительным для другого, и, конечно, наши склонности могут со временем меняться, в зависимости от обстоятельственных или глубоких внутренних изменений личности. Сукха может даже относиться к счастью, связанному с деструктивными привычками, садистскими или нарциссическими тенденциями.

Тоша - это удовлетворенность, полученная в результате приятного опыта в соответствии с вашими предпочтениями, когда человек чувствует себя насыщенным данным опытом. Чтобы привести простой пример: вы хотите есть шоколад. Пока вы не можете исполнить это желание, ум остается неудовлетворенным. После получения определенного количества шоколада желание исчезает, и вы довольны. Вы испытываете сукху, а затем тошу, пока в вашем уме снова не возникнет желание.

«Ананда», в отличие от «сукхи», относится к состоянию духовного блаженства или радости, которое выходит за рамки относительности и игры противоположностей. Это состояние переживается, когда индивидуальный психический поток сливается с безусловным потоком космического сознания:

> Что касается Брахмы (бесконечного, безусловного сознания), то было сказано: «Анандам Брахма», т. е. Ананда и Брахма идентичны ... Проведена тонкая граница между сукхой (счастьем) и анандой (блаженством). Сукха обозначает приятное психическое состояние, тогда как Ананда - это запредельное состояние блаженства, которое переполняет разум - состояние, которое нельзя назвать ни приятным, ни неприятным. Состояние блаженства всегда находится за пределами разума, потому что оно безгранично. Переживание блаженства выходящее за рамки разума ... Брахма - это имя, данное этому абсолютному счастью.[3]

По мере того, как кто-то приближается к этому состоянию Ананды и проникается его сутью, он выходит за пределы концепций счастья и грусти, сукхи и дукхи.

Сантоша - это внутреннее проявление апариграхи, состояние душевного равновесия, полученное от понимания правильного ограничения и использования материальных объектов и удовольствия, получаемого от них. Также, как и в апариграхе, это не отрицание материального мира, а скорее уравновешенное отношение к нему, согласно вайрагье и вивеке, как уже упоминалось. Практика апариграхи предназначена для достижения внутреннего состояния сантоши, так как признает, что попытка утолить человеческие желания и внутренний поиск исключительно с помощью материальных удовольствий не только невозможна, но и контрпродуктивна. В процессе попыток сделать это, желания и жажда их удовлетворения растут до бесконечности. Стремясь снять внутреннее напряжение, мы невольно создаем зависимости, которые воспроизводят эти же самые напряжение и желание избавиться он него снова и снова.[4]

Усилие практиковать апариграху во внешнем мире в сочетании с внутренним усилием двигаться к «ананде», переживание которой само по себе создает чувство внутреннего удовлетворения и благодарности за простые вещи в жизни, работает как своего рода алхимия, производящая состояние сантоши. Внутренний рост, вызываемый этими усилиями, вместо сиюминутного чувственного удовлетворения и постоянного поиска стимуляции, чтобы удовлетворить назойливое чувство нехватки или избежать саморефлексии своих болезненных переживаний или личных недостатков, создает особый вид «счастья», которое не избегает и не отрицает различных выражений и эмоций жизни, а скорее углубляется в них, чтобы познать их смысл и предназначение.

На чисто практическом уровне сантоша может относиться, например, к попыткам максимально использовать то, что приходит к нам в жизни: тело, с которым мы родились, или обстоятельства и проблемы, с которыми мы сталкиваемся. Сантоша также развивается в результате осознания того, что все свои способности реализуются максимально конструктивно и в полной мере.

На Санскрите слово человек - 'manúsya' или 'mánava', а на Бенгали 'manush', все эти слова происходят от корня 'man', что значит 'разум'. Здесь ум относится как к сердцу, так и к разуму, другими словами ко всему внутреннему психическому и эмоциональному миру, а не только к интеллекту.[5] Смысл этой энтомологии заключается в том, что люди отличаются тем, что являются преимущественно психическими существами, для которых психические или субъективные переживания важнее чисто физических.[6] Мы добавляем эмоциональное значение и абстрактную ценность каждому выражению жизни: еда становится не только актом наполнения желудка, но и актом обмена, создания социальных связей, выражения творчества и щедрости; человеческие отношения вместо того, чтобы быть только физическими, трансформируются в выражения любви, ответственности, жертвенности и эмоционального развития. Когда ум все больше получает удовольствие от этих тонких психических выражений жизни, затем когда психическое движется к духовному, создается пространство для развития сантоши. Если вся важность придается опыту только физического удовольствия, которое обязательно является мгновенным и ограниченным, и которое также эгоцентрично, если не связанно с более высокими ценностями эмоциональной и духовной сферами жизни, то ум становится беспокойным и неудовлетворенным.

«Удовлетворенность» сантоши не подразумевает пассивность перед лицом социальной несправедливости и позволением эксплуатировать себя.[7] Напротив, она обеспечивает внутреннее равновесие, необходимое для продолжения внешней борьбы с социальной несправедливостью, не теряя правильную перспективу и не разочаровываясь. Это состояние душевного равновесия, особое чувство полноты, возникающее изнутри.

ТАПАХ

Тапах - это жертвенность во благо других и готовности испытывать трудности, чтобы достичь своей цели:[1] служение без желания вознаграждения или похвалы, без каких-либо предрассудков или дискриминации в отношении того, кому совершается служение, и которое включает в себя некоторый дискомфорт или дополнительное усилие от дающей стороны. В основе этого лежит понимание того, что такие усилия ведут к расширению горизонтов вашего разума:

> Поэтому тапах-садхана - это возвышение над эгоизмом. Как правило, практика тапах приводит к расширению ума, и это расширение, безусловно, поможет… в значительной степени в практике Ишвары Пранидханы (медитации).[2]

Само слово 'sacrifice' (жертва) происходит от латинского 'sacrificium', которое состоит из 'sacer' (священный, святой) и 'facio' (делать, совершать).[3] Когда в ведических и других традициях «жертва» относится к акту ритуальных жертвоприношений огню, «тапах» сродни сжиганию эгоизма и эго в огне самоотверженного служения. Подобно тому, как ахимса или сатья подразумевают обнаружение себя в другом, а отрицание права на существование и надежды другого равносильно отрицанию того же самого в себе, так и тапах является признанием божественной сути и стремления к росту, которое заложено в каждом человеке, с дополнительным подтекстом преодоления своего эгоизма, принимая на себя страдания другого, чтобы облегчить его развитие и, как следствие, сделать счастливие.

По сути, любой вид приверженности, будь то чужим или своим собственным принципам и идеалам, предполагает определенный уровень жертвенности. Чтобы воспитывать семью, учиться, делать что-то, что основано не только на чистом нарциссизме, нужно, по крайней мере на поверхностном уровне, ограничить свою свободу. Однако то, что будет получено, имеет неизмеримую ценность в сравнении с этими ограничениями. Утраченная свобода иллюзорна, в отличие от свободы, полученной от преодоления ограничений своего эго, в ходе роста через жертвенность, основанную на глубочайшем чувстве любви. Эта любовь не основана на личных предпочтениях: она универсальна и естественна, она не различает кого любить, а кого не любить и не ищет наград, но сама по себе является наградой.

Анандамурти, описывая важность и пользу тапаха, объясняет, что когда человеческая деятельность не руководствуется совестью (или вивекой, как уже объяснялось в разделе о сатье), она неизбежно руководствуется инстинктами, как машина ведомая слепым водителем. Практика тапаха, основанная на правильном различении, что хорошо, а что плохо, изменяет то, как человек себя ведет и чувствует.[4] Внутри пробуждается чувство любви, которое по сути является любовью к божественному сознанию внутри того, к кому направленно служение. Эта любовь называется «преданностью» и является самой большой ценностью на духовном пути. Как только это тонкое внутреннее чувство приобретено, медитация перестает быть частью дисциплины или недостижимым идеалом. Сама по себе она становится актом любви, поскольку сила глубокой внутренней радости притягивает ум к бесконечности, подобно тому, как разум влюбленного человека бессознательно возвращается к мыслям о своем возлюбленном:

Те, кто воспринимают нуждающихся, только как проявление Космического ... самоотверженно развивают преданность или любовь к Всевышнему за кратчайшие сроки. А когда пробуждена любовь и преданность, чего еще можно желать?⁵

Готовность испытать трудности на пути к высоким целям является неотъемлемой частью того, что значит по-настоящему быть человеком, а быть человеком - значит развиваться и выходить за пределы своих возможностей:

> ...к счастью для человека, самый легкий путь - не самый верный путь… человек, сталкиваясь с трудностями, должен признать свою человеческую природу, свою ответственность за те возможности, что ему были даны, и игнорируя эту ответственность, он возможно и сможет достигнуть быстрого успеха, но это станет смертельной ловушкой для него. Потому что то, что является препятствиями для неразвитых существ – это ступени на пути развития высшей жизни человека.⁶

Тапах также служит внешним и практическим выражением внутренней конфронтации с нашими личными ограничениями и предрассудками, преодоление которых является частью тантрической медитации. Внутренние и внешние аспекты этих усилий тесно взаимосвязаны, и каждый из них служит проверкой для другого.⁷ Тапах - это признание того, что борьба является неотъемлемой частью жизни и сама по себе обладает ценностью. Борьбу следует не избегать, а принимать со всеми возможностями, которые она предоставляет. Еще лучше встретить эту внутреннюю и внешнюю борьбу в процессе полезной работы/служения, где они воспринимаются не как страдание, а скорее как приятные трудности, чем ждать, пока они прибудут как боль без какой-либо видимой цели.

Чтобы быть продуктивным на практическом коллективном уровне, тапах требуется изучения и знания экономических, культурных и социальных реалий людей и местности, для которых вы хотите совершить служение. Это тщательное наблюдение, планирование и чувствительность также являются частью практики тапаха. Тапах - это служение не только для того, чтобы «чувствовать себя хорошо», а служение, которое должно привести к конструктивному результату и быть выполненным, даже если в процессе вы встретитесь с трудностями и ударами по своему эго.

В качестве примера можно привести опыт одного добровольца из международной добровольческой организации AMURT[7]. Дада Рудрешварананда (далее «Дада») работает в Буркина-Фасо в Африке с 1985 года. Он руководил различными проектами по развитию сельских общин в пустыне Сахель, крайне бедном регионе страны. Эти проекты создавались медленно в течение многих лет благодаря планированию и повышению общего уровня осознанности, поскольку Дада жил среди жителей деревни. Его средства были минимальными, но он всегда был рядом с людьми и хорошо понимал местную ситуацию. В 1991 году крупная голландская организация прибыла в регион с десятью миллионами долларов, чтобы потратить на «развитие». Они начали организовывать множество курсов, чтобы обучить сельских жителей современным методам ведения сельского хозяйства, платя сельским жителям шесть долларов в день за посещение занятий и восемь долларов за транспорт. Это была огромная сумма денег, когда большинство зарабатывало только десять долларов в месяц. Жители деревни ходили на учебные занятия, получали деньги и возвращались в свои деревни, как правило, не меняя своей сельскохозяйственной практики. Наличие этой организации, распределяющей большие суммы денег, стало причиной для коррупции среди населения провинции. Тем временем Дада, видя, что деньги приносят больше вреда, чем пользы, отправился в голландское посольство, чтобы попытаться убедить их закрыть проект. После четырех из восьми лет запланированного времени на реализацию проекта, оказалось, что восемьдесят процентов проекта были неудачными. Директор проекта подал в отставку, но проблемы продолжались, так как оставалось еще пять миллионов долларов. Они решили превратить одну из деревень в туристический объект и построили уборные на вершине того, что Дада называл «прекрасной песчаной дюной», чтобы туристы могли использовать их, пока проезжали на верблюдах. Туристы, что неудивительно, так и не прибыли.

Голландская организация также провела литературную кампанию, которая снова принесла больше вреда, чем пользы. Не зная о деликатных исторических и культурных проблемах, связанных с местными языками, их кампания открыла старые племенные разногласия, которые АМУРТ помог нейтрализовать в ходе прошлых кампаний по ликвидации неграмотности, объединивших конкурирующие этнические группы. В целом, голландский проект был катастрофой, поскольку у них было слишком много денег, чтобы тратить, и они хотели показать быстрые результаты, не тратя время на то, чтобы узнать местную ситуацию, и не были готовы пойти на зачастую медленный путь терпения и борьбы, который и несет реальные изменения.[8]

Служение и жертва в качестве тапаха не могут быть простым символическим жестом, предназначенным для показа. Оно должно исходить из сердца и осуществляться с должной рассудительностью, которое возникает когда работа выполняется с «потом и кровью». Важен не масштаб выполняемой задачи, но искренность и самоотверженность, и это отличает тапах от любого другого вида работы.

СВАДХЬЯЯ

Свадхьяя - это практика изучения и размышления, особенно в отношении духовной философии и мудрости. Изучение с целью усвоить внутренний смысл материала.[1] «Сва» буквально означает «собственный» или «относящийся к самому себе» и «дхьяя» - «изучение» или «созерцание». Таким образом, свадхьяя - это «самообучение», которое также косвенно становится «самосозерцанием» из-за природы изучаемого материала и способа его усвоения.

Важность этого пункта Ниямы можно понять прежде всего, рассмотрев, почему он вообще является частью Яма-Ниямы и этики. Точно так же, как благодаря практике тапаха, восприятие и любовь развиваются через борьбу, свадхьяя развивается через борьбу и трение на ментальнм уровне ,создает расширение сознания интеллектуально и духовно. Новые идеи вступают в реакцию со старыми идеями или с закостеневшими паттернами мышления, они сталкиваются, ведут переговоры, а иногда и борются друг с другом, и в результате уровень и глубина понимания улучшаются. В определенном смысле этическая ответственность каждого человека состоит в том, чтобы провоцировать этот процесс психического развития, чтобы ум не впадал в статическое состояние и не создавал интеллектуальные или духовные догмы с соответствующими вредными социальными последствиями. Знания, которых мы достигаем таким образом, опираются на смирении и остаются динамичными.

Особое понимание свадхьяи, как изучения духовной философии также имеет место быть. С эпистемологической точки зрения философия йоги делит знания на различные категории, и подход к изучению каждой отличается соответственно. Например, аналитический метод подходит для изучения наук о материальном мире, но для изучения духовной философии требуется другой и более тонкий вид восприятия. Самое простое деление знания на категории «апара» и «пара»: знание внешнего мира, которое «стремится субъективизировать внешнюю объективность», и знание себя, которое «стремится субъективизировать внутреннюю объективность».[2] Апара или материальное знание необходима и важна для жизни в физическом мире и соответственно для поддержания баланса между субъективным внутренним миром и объективным внешним.[3] Однако так же, как все в материальном мире является относительным и постоянно меняющимся, а то, что было вчерашней реальностью, завтра может исчезнуть, так и апара подвержена тем же самым тенденциям. Она может привести нас к краю этих ограничений, но не за их пределы, чтобы двигаться дальше мы должны быть одновременно достаточно смиренными и смелыми, чтобы погрузиться во внутренний, тонкий и абстрактный мир, и постичь там природу своего существования.

Пара, в отличие от апары, ищет понимания того, что находится за пределами относительности: чистого сознания, безусловного и безграничного. Это объяснение, по необходимости символическое, в некоторой степени, проистекает из максимально высокого состояния осознания, которого мы еще не достигли, но стремимся к нему, и ко всем различным процессам и состояниям в процессе его достижения. Духовная философия в истинном смысле этого слова должна содержать в себе всеусложняющиеся уровни смысла, чтобы каждый раз, когда кто-то углублял свое понимание предмета, открывались новые горизонты для познания. Этот процесс обязательно идет рука об руку с непосредственной духовной практикой как часть повседневной жизни, поскольку они дополняют и придают смысл друг другу. Такая философия очень отличается, фактически противоположна догматическому религиозному подходу во имя «духовности», который, провозглашая неоспоримые истины, блокируя естественное любопытство и рациональность человеческого разума и завершает духовный поиск, едва он успел начаться. Духовный путь - это стремление, в котором «чем больше человек знает, тем больше он понимает, что ничего не знает»: преодолевая свои собственные границы восприятия, мы осознаем свое невежество, а также нетронутые глубины, которые еще предстоит освоить, и посвятить себя этому постоянному поиску экспансии разума. Выражаясь по-другому:

> Трансцендентное - это то, с чем мы сталкиваемся, когда осознаем свое невежество, именно это и преодолевает наше невежество ... Заблуждение - это трансцендентное, которое раскрыло себя: то, что находится за заблуждением - это реальность, которая пока что находится вне нашего восприятия.[4]

Свадхьяя создает основу, на которой мы можем лучше понять и рационализировать опыт, полученный в результате духовной практики, а медитация обеспечивает изменения в восприятии и опыте, необходимые для полного понимания тонкостей духовной философии. В обоих процессах мы все время наталкиваемся на трансцендентное и постоянно осознаем наше невежество и прилагаем усилия для его преодоления. Интеграция этих процессов, как части нормальной жизни, имеет влияние не только на личном, но и на коллективном уровне, а также на все области знаний. Когда мы принимаем этот подход на духовном уровне, естественным образом, он просачивается и пронизывает все остальные уровни: в областях науки, социологии, культуры или психологии мы будем помнить, что знания приобретаются в результате процесса проб и ошибок, особенно это касается научного знания, его ценность именно в этом признании, в постоянном оспаривании парадигм, считающимся «истинными», так что бы ни одна форма знания не закостеневала в слепую веру и догматизм. То же самое можно сказать и о социальных механизмах: если у нас есть способность искать безусловное сознание внутри себя, бросая вызов пределам нашего восприятия и опыта, становится легко распознать относительную природу социальных структур и социальной борьбы. Больше не нужно будет создавать «религию» из социальных, политических или экономических движений, ищущих ложную безопасность или постоянство там, где их найти невозможно. Вместо этого мы можем стать все более способными распознавать пригодность и уместность структур и систем в любом контексте и отбрасывать или преобразовывать их в соответствии с требованиями времени. Таким образом, как общество, мы можем преодолеть тенденцию к реактивным социальным движениям и искать более подходящую основу для социального прогресса.

В истории йоги, «философия», в основном всегда рассматривалась как объяснение фактического опыта, полученного с помощью «садханы» или интуитивных духовных практик. Это попытка объяснить другим определенные переживания и осознания реальности, которые действительно произошли. Философия, психология и практика неразрывно связаны друг с другом, причем первые два вытекают из мудрости, полученной благодаря последнему.[5] «Практика» здесь включает в себя все аспекты духовной медитации, которые подразумевают систематическое наблюдение за актом преобразования когнитивных процессов, за восприятием и процессами в мозге, за взаимосвязью между телом и разумом и взаимодействием между субъективным и объективным мирами. Эти наблюдения затем систематизируются и получается философия. В этой парадигме «практика» и «теория» никогда не могли (и не смогут) существовать раздельно. Здесь, на месте встречи философии, психологии и практики, также происходит совмещение фактов, смыслов и опытов. Именно благодаря этой встрече различных областей жизни свадхьяя является не только изучением теорий, но и изучением самих себя и смысла существования этого "Я", как в субъективной, так и в объективной сферах. Чтобы сохранить это исследование и внутренний поиск и интегрировать его в повседневную жизнь, чтобы стимулировать рост, который он производит, свадхьяю следует рассматривать как базовую необходимостью и ответственность каждого человека, и по этой причине она включена в этическую основу йоги с целью формирования тонкого и сбалансированного психического состояния.

У каждой эпохи, каждой культуры, и даже у каждого отдельного человека есть своя эстетика. Одна и та же человеческая жажда поиска может быть выражена во множестве разных стилей, и об этом всегда следует помнить, когда мы пытаемся проникнуть в смысл духовных идей и оценить их истинность. На протяжении всей истории эссенция йоги и тантрической философии в равной степени выражалась как через точную и дотошную логику, так и через священный и символический язык песни и поэзии.[6] Также были предприняты недавние попытки связать научный язык физики и абстрактный символизм математики с философским и метафизическим языком йоги.[7] Какой бы стиль не использовался, язык всегда будет неизбежно символическим, поскольку он пытается объяснить тонкие субъективные переживания и выразить словами состояния, которые на самом деле являются транс-личностными и выходят за рамки индивидуального сознания и, следовательно, выходят за пределы слов.

Одним из очевидных примеров использования весьма символического языка является «сандхьябхаса» или эзотерический «сумеречный язык» некоторых тантрических текстов и мистических песен. «Сумерки» - это, буквально, время между днём и ночью, а символически - это место встречи известного и неизвестного. Язык сумерек - это кодифицированный язык, специально разработанный, чтобы его толковал квалифицированный учитель для практикующих учеников. Чтобы привести только один из многих возможных примеров, есть короткий стих на бенгали, который буквально переводится как:

> «Двор вошел во внутреннюю комнату - о, благородная леди, вы понимаете? В результате того, что двор вошел в комнату, вор, который скрывался во дворе, также вошел и украл ваши серьги.[8]

В основе поверхностного значения, которое кажется бессмысленным, стих фактически объясняет процесс интроверсии рассеянного, экстравертного ума. В результате духовной садханы внешний мир (двор) или поверхностные аспекты ума сосредотачиваются и сливаются с внутренним подсознательным, а затем бессознательным слоями разума, а затем и с космическим сознанием (внутренняя комната). В результате все ограничения восприятия, психических комплексов и страданий исчезают («украдены») в этом состоянии совершенной полноты. Можно также добавить, что «вор» (персонифицированное космическое сознание) все время прятался во внешнем мире (во дворе), но ум, находящийся в рассеянном состоянии, не воспринимал его.[9]

Конечно, не во всех объяснениях духовной философии используется такой красочный и загадочный язык, но такой пример позволяет легко понять, как без должной глубины осознания некоторые идеи могут быть неправильно поняты. Дзен-коаны, или суфийские и баульские песни, являются другими примерами загадочного или поэтического языка, используемого для выражения невыразимого. Даже когда используется более простой формат, необходим тот же процесс рефлексии, чтобы понять суть слов, поскольку все, что удается выразить словами, неизбежно содержит в себе много уровней смысла и подтекста, и даже усвоив все это, лишь небольшая часть фактического опыта сможет быть передана.

ИШВАРА ПРАНИДХАНА

Ишвара пран'идхана, заключительная Яма-Нияма, является и основой, и источником вдохновения для всех предыдущих девяти пунктов, а также их целью. «Ишвара» - это Космическое Сознание, чистое и безусловное, как трансцендентное, так и вездесущее, переживание которого - совершенная полнота, блаженство и абсолютная свобода; полнота без недостатков. Ишвара - это и свидетельствующее сознание, и эссенция всего существующего: скрытый в постоянно меняющемся внешнем материальном мире и раскрытый в самой глубине «я» чувства.[1] 'Пранидхана» означает «ясно понимать» или «принимать что-то в качестве убежища». Поэтому «Ишвара пранидхана» буквально означает «принять Ишвару, Космическое Сознание, как свое убежище» или «обрести ясное понимание Ишвары» с тем подтекстом, что это приходит от глубинного познания или слияния с объектом, на который направленно внимание. По сути, это попытка отождествить свой индивидуальный ментальный поток с космическим и влить свое "Я" чувство в этот поток.[3] Это одновременно и процесс, и цель духовной практики, или «садханы». Это понятие, а также непосредственная техника и само усилие, это то, к чему готовят все другие йогические практики: это настоящее значение «йоги» - «слияния».[4]

Все, с чем мы обычно так сильно отождествляем себя, как человеческие существа, является преходящим: материальное имущество, отношения, физическое тело, психические качества и модели мышления. Наша культурная, социальная и гендерная идентичность также являются лишь колеблющимися и ограниченными версиями того, «кто мы». Это не означает, что они незначительны, но они не столь значительны, как мы думаем, и, конечно, не являются неизменными. Они важны и необходимы, но только если мы осознаем их природу и врожденные ограничения. Понимая это, эти качества могут быть направлены на служение более высокой цели, но взятые за основу нашей идентичности, они становятся источником незащищенности, конфликтов и привязанности, замутняют нашу ясность восприятия. То, за что мы сегодня держимся как за центр нашей личной идентичности, может со временем кардинально измениться.

Чем сильнее мы цепляемся за такие идентичности, тем более насильственными и трудными будут ощущаться любые изменения, и когда из-за того или иного обстоятельства эти стены зависимости, на которые опирается наше «я», разрушаются, тем сильнее будет шок, поскольку человек будет вынужден переоценить все, во что он так стойко верили, то, с чем себя ассоциировал. Сама жизнь, желаем мы этого или нет, навязывает нам эту переоценку, иногда мягко и терпеливо, иногда внезапно и насильно.

Если в глубине себя мы осознаем, что принципиально мы нечто большее, чем наша преходящая идентичность, что мы созданы из какой-то другой нематериальной и бесконечной тайны и заключены в ней, и затем шаг за шагом отождествляем себя с этой сущностью, тогда внутри мы становимся непобедимыми и свободными даже в самых сложных обстоятельствах. Даже если все материальные и относительные парадигмы на которые опирается человек, падут, он все же останется стоять, поскольку его последняя и центральная опора находится внутри, удерживающая личность вместе, как позвоночник удерживает каркас тела.

Такое абстрактное понятие, как «Космическое Сознание», естественно, воспринимается как нечто большее, чем просто идея, возможно, ощущаемое интуитивно или посредством логического процесса и рационализации. Росток этой идеи должен утвердиться в своей достоверности посредством внутреннего опыта каждого человека. Когда установлена личная связь с космическим потоком сознания, тогда индивидуум может открыть что-то настолько глубокое и прекрасное, что больше не будет бояться потерять какие-то мелкие и относительные вещи жизни, лишь бы сохранить этот опыт. Если этот опыт и связь являются основой человеческой этики, то нравственные идеалы будут усваиваться и соблюдаться даже в самые трудные моменты. Человек становится бесстрашным, вдохновленным и начинает проживать жизнь во всей ее полноте.

Медитация - это систематическая тренировка ума к такому возвышенному состоянию сознания, причем не только в редкие моменты прозрения, но и в качестве нормальной части повседневной жизни. Она включает в себя особый метод, с помощью которого разум прежде всего отстраняется от внешнего мира, физического тела и поверхностных моделей мышления ума. Затем отстраненный ум собирается вместе, и «Я-чувство», совокупность чувств самоидентификации, фокусируется на точке. С этого момента "Я" двигается в потоке и преобразуется в Космическое Сознание. Это делается с помощью мантры, набора специально подобранных звуковых вибраций, связанных с концептуальной идеей, которая направляет ум к более глубоким слоям личности:

> «... это развившееся спонтанное чувство «я есть», затем трансформируется в чувство Брахмы (бесконечного сознания). Эту идею нелегко понять тем, кто не практикует садхану (медитацию) ».[5]

Это тонкое стремление, осуществляемое через внутренний поток чувств направленным, естественным и спонтанным образом, который каждый человек будет испытывать уникально. Фактические техники преподаются после инициации, которая подразумевают умственную переориентацию со стороны ученика, который в момент обучения принимает духовный путь и дисциплину как неотъемлемую часть своей жизни.[6] Есть также вводные уроки, которые помогают приблизиться к этому моменту.[7]

Человеческая творческая энергия, если у нее нет выхода или цели, создает своего рода ментальное внутреннее трение, в поисках своего выражения. Она ищет мимолетные волнения, постоянно исчезающее при достижении, или бесчисленные новые способы «забыть» экзистенциальные напряжения и дилеммы бытия, желая некой саморазрушительной свободы или забвения. В этом случае потенциал и креативность человеческого разума высвобождаются, но не производят ничего ценного. Ишвара пранидхана собирает эту творческую силу и направляет ее внутрь, раскрывая потенциал ума во все возрастающей степени. Этот процесс, помимо своей конечной духовной цели, естественным образом вызывает множество второстепенных преимуществ, трансформируя эмоциональные и, таким образом, неврологические процессы, благодаря чему все тенденции человеческого разума постепенно находят свои гармоничные места. Таким образом, наша творческая энергия вместо того, чтобы разряжаться и теряться, может реализовать себя в качестве катализатора трансформации внутреннего субъективного состояния. Это изменение может быть затем выражено, к примеру, как акты изобретательности и добросовестности. Это внутреннее изменение создает уникальный опыт блаженства, который отличается от обычного преходящего и внешне-материального понимания «удовольствия». Особенность в том, что человек испытывает удовольствие в процессе повышения уровня самосознания, становясь «более осознанным о своих мыслях и чувствах и менее эмоционально разрушаемым ими».[8] Обладая инструментами для управления умом и внутреннего роста, больше не нужно бояться своих внутренних проблем и стремиться их избегать. Таким образом, глубокое удовлетворение от способности использовать ум, чтобы превзойти самого себя, порождает новый вид безопасности, свободы и радости: счастье в реальном смысле этого слова, разнообразное и устойчивое даже в грусти, борьбе или боли.

Существует почти бесконечное разнообразие различных способов, с помощью которых можно описать значение и процесс «Ишвара пранидханы»: на психологическом языке, описывающем когнитивные изменения, которые она вызывает; в метафизической или философской терминологии; или на мистически-преданном языке как путешествие восторга, любви и единения со вселенской душой. Все они одинаково правдивы. Возможно, лучшим объяснением, в двух словах, было бы просто сказать, что в основе творения лежит великая тайна, а человеческая жизнь - это путешествие, чтобы проникнуть в суть этой тайны, таким образом, Ишвара пранидхана - это сознательное принятие это неосязаемой тайны и путешествия, как средства ее достижения.

Человеческий разум нуждается в фундаменте, на котором базируются его потребности, мысли и решения. Эта основа служит зеркалом, в котором мы можем наблюдать себя, а также катализатором саморефлексии и роста. Каким должен быть такой фундамент, который не будет в какой-то момент ограничивать нас и не рискует стать догмой? Слово «идеология» в целом имеет негативную коннотацию, подразумевающую фиксированное мировоззрение, которое омрачает аналитические способности, навязывая предвзятые выводы о реальности. На чем же тогда мы будем структурировать наше мышление и ценности? Отказ от любого рода оснований для нашей ментальной или субъективной ориентации также является своего рода догмой, которая несет в себе опасность, поскольку будут неизбежно создаваться новые, бессознательные убеждения, даже если мы это отрицаем. Возможно, просто возможно, есть такая основа, на которой мы можем безбоязненно строить свою жизнь: идея существования как процесса непрерывного умственного расширения, бросающего вызов нашим собственным ограничениям, когда мы пытаемся все глубже и глубже проникнуть в тайну мироздания и самих себя. Если наши идеи вытекают из этой базы, они становятся динамичными и жизненными, поскольку постоянно совершенствуются вдохновляясь от соприкосновения между известным и неизвестным, конечным и бесконечным.

Анандамурти, определяя слово «идеология», предложил именно это: переопределение самой концепции, основанной на санскритском слове «адарша». Он предложил идеологию как концептуализацию «бхавы», или «идеационного потока», посредством которой вибрации индивидуального ума распрямляются, чтобы слиться с бесконечным. Опыт и вдохновение этой «бхавы», этого бесконечного, неограниченного и безусловного потока сознания, воплощенного в мысли и идеи, становится «идеологией».[9] Таким образом, идеология, в этом духовно-йогическом смысле, имеет в качестве нашей ментальной основы тот поток мыслей, который всегда расширяет ум за пределы его ограниченности, пока он не сольется с безусловным сознанием. Или сформулировав более прагматично: основа жизни как процесс внутренней самореализации, выраженный извне через служение всему сотворенному миру. Таким образом, мы принимаем за ориентацию то, что постоянно отбрасывает наши ограничения, заблуждения и предубеждения.

Таким образом, мы возвращаемся к тому, с чего начали: Ишвара пранидхана, определяемая как акт принятия путешествия к постижению тайны жизни, является источником вдохновения для всей Ямы-Ниямы; и Яма-Нияма, как этическая основа для душевного равновесия, распространения эмпатии и любви, а также для построения такой цивилизации и культуры, в которой человеческий потенциал может полностью проявить себя. Этот процесс всерастущей любви продолжает совершенствовать нашу этику, точно так же, как наши этические принципы помогают нам лучше понять и испытать любовь. Таким образом мы достигаем высшей точки своего развития и становимся людьми, наполненными счастьем.

ПРИМЕЧАНИЯ

Введение

1. В данном случае нравственность делится на 2 части: Психо-физическая эманация, и психо-физическое движение. Первое на санскрите называется Яма, второе называется Нияма. (Анандамурти, «Культ духовности», Субхашита Самграха, часть 18)

2. К примеру «Шандилья Упанишады» (одна из двадцати Йога-Упанишад, составляющая часть Вед) говорит нам о десяти Ямах, первые пять из которых идентичны тем, что описаны в Йога-Сутрах Патанджали. Истории известно по меньшей мере 65 книг, в которых ведется обсуждение Ямы и Ниямы. (См. SV Bharti, 2001, Pg. 680.691)

3. Ананда Марга это социоцально-духовная организация, которая была основана выдающимся йогическим мастером 20-го столетия Шри Шри Анандамурти в 1955 году. Ее концепция построена на двух целях - самореализации и служения человечеству. Духовное учение Ананда Марги базируется на практичности и рациональности, а социальные принципы зиждутся на целостности физического, ментального, и духовного развития как отдельно взятых личностей, так и всего общества в целом. Основные идеи философии Ананда Марги изложены в книгах «Ананда Сутрам» и «Элементарная Философия Ананда Марги».

4. В Западной Философии следование этическим принципам зачастую воспринимается как основная цель в жизни, но в философии Ананда Марги следование этическим принципам является только лишь одним из главных шагов на пути к развитию. Ниити, или нравственные принципы, не являются целью человеческой жизни, скорее они являются отправной точкой для духовного пути. (Анандамурти, «Таттва каомуди, часть 2»)

5. Неогуманизм - это мировоззрение, характеризуемое любовью к Всевышнему. На ранних этапах развития духовной преданности принятие неогуманистических принципов, то есть отречение от всех предрассудков против других рас, групп, религий и менее развитых существ, будет защищать и усиливать развитие этой преданности.

И однажды, в свою очередь, когда человек начнет ощущать преданность к Всевышнему, эта преданность или любовь начнет переполнять все объекты в этом мире. Человек будет спонтанно любить все существа и объекты так же, как он любит Всевышнего, без каких-либо предрассудков.

Таким образом, преданность расширяет мировоззрение, и чем шире мировоззрение, тем больше человек чувствует экстаз и покой преданности». (Саркар, «Неогуманизм, освобождение интеллекта».)

6. М. Товси «Вечный танец микромира: энциклопедия материи, разума и

сознания», 2011 стр, 41
7. М. Товси «Вечный танец микромира: энциклопедия материи, разума и сознания», 2011 стр, 41
8. Нравственность - это основа для Садханы (Духовной практики). Однако, важно помнить о том, что нравственность или любое правильное поведение не является кульминационной точкой духовного роста. Своим поведением моралист может показывать пример другим людям, но для Садхаки (духовного искателя) упоминание об этом излишне [поскольку это само собой разумеется]. Садхана нуждается в ментальном равновесии с самого своего начала. Такой вид ментальной гармонии может быть также назван нравственностью. (Шри Шри Анандамурти, «Руководство к поведению человека»)
9. 'Нравственность зависит от усилий человека в поддержании и сохранении баланса относительно времени, места и личности. Отсюда и возникают различия в нравственном кодексе. (Шри Шри Анандамурти, «Руководство по поведению человека».)
10. Rudolf, 2017, Loc 892.
11. Шри Шри Анандамурти, «Ананда Сутры», сутра 2-14
12. Человеку следует чувствовать свою принадлежность и родственные чувства по отношению к внешнему миру. Чувственный контакт с ним просто необходим. Если кто-либо считает следующим образом: «Я делаю Садхану ради личного освобождения, и мне нет никакого дела до остального мира», и кто также отрицает свой контакт с физическим миром, хоть там находится его тело, делает ни что иное, как занимает себя самообманом и потаканием собственному эгоизму. Служение всему человечеству, вызванное стремлением служить Высшему Сознанию с такой же приверженностью, какую чувствует человек к Нему сам - является фундаментальным принципом на пути прогресса в Садхане. Он создает параллелизм и равновесие между индивидуальными ритмами и ритмами внешнего мира. (Шри Шри Анандамурти, «Мантра Чайтанья» Субхашита Самграха)
13. Сутра 3-10. Vádhá sá yuśamáná shaktih sevyaṁ sthápayati lakśye. [Препятствие - это сила, помогающая человеку достичь цели]
Смысл этой сутры таков: Препятствия и трудности на пути Садханы на самом деле являются нам друзьями, а не врагами. Они лишь делают нам одолжения. За их счет мы объявляем им войну, и только одно это противодействие возносит Садхаку на пути к заветной цели. (Шри Шри Анандамурти, «Ананда Сутрам»).

14. Тантра создает обстоятельства предназначающиеся для того, что бы пробудить проблематичные тенденции в уме определенного человека, и сделать их видимыми для него самого, а не для того, что бы спрятать их поглубже.

(Шри Шри Анандамурти, «Беседы о тантре, часть 1»)
15. Шри Шри Анандамурти, «Руководство к поведению человека».
16. М. Товси «Eternal Dance of Microcosm: An Encyclopedia of Matter, Mind and Consciousness», 2011 стр, 41

17. Сутра 2-5 Tasminnupalabdhe paramá trśńánivrttih. [В момент достижения Брахмы (Высшего Сознания) вся жажда утоляется.]

Смысл этой сутры таков: В человеке заложена жажда к бесконечности. Утолить ее с помощью конечных объектов физического мира - невозможно. Брахма (Высшее Сознание) - это единственная бесконечная сущность, и поэтому только достижение Брахмы утоляет жажду к чему-либо еще. (Анандамурти, Ананда Сутрам.)

18. См., к примеру, Е.И. Замятин, «Мы», 1924.
19. См., к примеру, С.Г. Лем, «Футурологический конгресс», 1974: и О. Хаксли «О дивный новый мир», 1932.
20. Анандамурти говорит о том, что человеческий прогресс осуществляется с помощью «Физического конфликта, психического конфликта и влечения к Высшему». Первые два проявляют себя с помощью давления обстоятельств, а третье с помощью силы нашего собственного желания.
«Я уже говорил, что для прогресса микрокосма необходимы 3 фактора - физический конфликт, психический конфликт, и влечение к Высшему». При любом случае возникновения конфликта, неважно тонкого или грубого, происходит процесс утончения. Это работает как для физического, так и для психического конфликта. Чем более тонким становится грубый ум в результате конфликта, тем значительнее будет духовное пробуждение. (Шри Шри Анандамурти, «Субхашита Самграха 7», дискурс: «Космическое Влечение и Духовный Культ».)

21. Матурана, 2008, Стр. 221

22. Матурана, 2008, Стр 138

23. Матурана, 2008, Стр 223

АХИМСА
1. Шри Шри Анандамурти, «Руководство к поведению человека»
2. *Manovábhuyaeh sarvabhútá námapiidá namahim'sá'*- (Шри Шри Анандамурти, «Руководство к поведению человека»). «Сарва" означает все и «бхута» ссылается к созданному миру, то есть «все созданное».
3. Согласно этой интерпретации, ахимса означает неприменение силы. Очень вероятно, что именно эта интерпретация сильнее всего исказила значение слова ахимса. Совершая действия, неважно большие или малые, единичный разум развивается путем преодоления противодействующих сил. Жизнь эволюционирует посредством применения силы. (Шри Шри Анандамурти, «Руководство к поведению человека»).

4. Когда дело касается использовании силы, это не может быть названо ненасилием. Если вы причиняете вред, но не собственноручно, а каким-то опосредованным способом, разве это не насилие? Разве бойкот, направленный против какой-либо нации, - не насилие? (Шри Шри Анандамурти, «Руководство к поведению человека»).
5. Некоторые, так называемые, ученые люди определяют слово ахимса таким образом, что если строго придерживаться ему жить становится невозможно не только в обществе, но также в лесах, холмах или пещерах. (Шри Шри Анандамурти, «Руководство к поведению человека»).
6. Тагор, 1918, «Национализм»
7. Карма здесь является философски неправильным термином, и используется в простом, хотя и неправильном, значении для большего понимания. На самом деле слово «Карма» означает действие, а правильным термином для реакции на какое-либо действие является «Самскара».
8. Тагор, 1918, «Национализм». (LOC 694)
9. Тагор, 1916, «Садхана»
10. Цитата из «Джордан Питерсон против Сюзен Блекмор: Нужен ли нам Бог что бы жизнь обрела смысл?»

ссылка: "https://www.youtube.com/watch?v=syP-OtdCIho"

11. см. Достоевский, 1866, «Преступление и Наказание»
12. Метод Шайва основан на постоянном включение в себя явлений, ошибочно считающихся существующими вне абсолюта. Метод веданты, с другой стороны, стремится понять природу абсолюта, исключая (ниседха) все, что не соответствует критерию абсолютности, тогда все, что останется, - это безусловный Брахма. Подход Шайвы - это подтверждение, а Веданты - отрицание. (Дичковский, 1989, «Учение о вибрации».)

13. Для объяснения понятий сознанательный, подсознательный и бессознательный ум см. главу и прим. к «Сатья».

14. В йогической системе, и также в Аюрведической медицине, еда разделяется на 3 категории в зависимости от их влияния на восприятие и эмоционально состояние : «Саттвичная» (осознающая, разумная), «Раджасичная» (изменяющая, меняющая), «Тамасичная» (статическая). Саттвичная пища содействует расширению сознания и тонкому восприятию, раджасичная производит движение и изменение, и тамасичная внедряет вялость, недостаток внимание и ограниченное мировосприятие. Саттвичная пища включает в себя большинство вегетарианских и молочных продуктов. Раджасичная пища включается в себя такие продукты как чай, кофе и шоколад. Тамасичная пища включает в себя мясо, рыбу, яйца, лук, чеснок, грибы и алкоголь. (Обратите внимание на то, что раджасичные продукты могут быть или не быть вредными для тела, но они является несомненно вредными для ума). Йогическая система рекомендует саттвичную диету с небольшим количеством раджасичной пищи по желанию. Для большего количества информации см.: Шри Шри Анандамурти: «Йога Психология», Глава «Еда, Клетки и Ментальное Развитие»

САТЬЯ

1. Сатья означает использование ума и речи в духе благожелательности. (Шри Шри Анандамурти, «Руководство к поведению человека»).

2. По мнению йогических писаний существует идеологическая разница между ритой и сатьей. Факт, который произошел или происходит, это рита. А идеация, использованная для благополучия людей называется сатья. (Sarkar, 'Shabda Cayanika Part 2,' chapter 'Rka to Rksá').

3. Anandamurti, 'Namah Shivaya Shantaya', chapter 'The Teaching of Shiva- Part 1.'

4. Люди - рациональные существа, и они обладают, в разной степени, способностью делать то, что необходимо или полезно для человечества. В сфере духовности такого рода мысль, слово или действие определяются как сатья. (Шри Шри Анандамурти, «Руководство к поведению человека»).

5. Для примеров йогической теории ума, см. М. Товси «Eternal Dance of Microcosm: An Encyclopedia of Matter, Mind and Consciousness», (2011), или П.Р. Саркар «Идея и Идеология».

6. См. М. Товси, "Eternal Dance of Microcosm: An Encyclopedia of Matter, Mind and Consciousness», (2011), или П.Р. Саркар, «Идея и Идеология», глава «Коша».

7. Эта лока в человеческом уме называется камамая коша, или грубый ум, который контролирует все действия тела. Таким образом, эта сфера

ограниченная всеми действиями связанными с телом. (Шри Шри Анандамурти, «Субхашита Самграха ч.1», глава «Зов Высшего»).
В Санскрите эти физические сущности, с которыми человеческое существование тесно взаимодействует, называются «Кама».
Невозможно нормально жить без таких вещей, как: Еда, одежда, образование, медицинская помощь. Эти вещи являются основными для человеческой жизни. Они находятся внутри «Камы», самого нижнего уровня. (Anandamurti, 'Ananda Vacanamrtam Part 14', chapter 'Pinnacled Existence.')

8. Маномая коша тоньше чем камамая коша, и она имеет возможность помнить и размышлять (смарана и манана). (П.Р. Саркар, «Идея и Идеология», глава «Коша».)
9. См. М. Товси, "Eternal Dance of Microcosm: An Encyclopedia of Matter, Mind and Consciousness», (2011)
10. Это описание было взято из записок объяснения Шри Шри Анандамурти ачарьям Ананда Марги.
11. М. Товси, "Eternal Dance of Microcosm: An Encyclopedia of Matter, Mind and Consciousness», (2011), стр. 76.
12. М. Товси, "Eternal Dance of Microcosm: An Encyclopedia of Matter, Mind and Consciousness», (2011) стр; 77-78.

13. Р. Тагор, 1916, LOC 214.
14. В этом контексте, Шиппей описывает Сарумана как «самая современная личность в Средиземье». (см. Шиппей, 2002, стр. 68-77).

15. Толкиен, 2000, стр. 276-277
16. Толкиен очень осторожен в выборе слов персонажей в «Властелине Колец», поэтому, в случае Гендальфа и Сарумана, риторика - является также персонажем романа (Радд, Дж. «Голос Сарумана».)
17. Для прогресса в духовной сфере, человек обязан не игнорировать физическую сферу или повседневную внешнюю среду. Человек будет постоянно прогрессировать в духовной сфере, и рута (прямолинейность), сахас (смелость) и сатьянистха (любовь к Абсолютной Истине), которые развиваются параллельно с духовным развитием, будут применены для ментального благополучия всего мира. (Шри Шри Анандамурти, «Субхашита Самграха ч. 24», глава «Заклинание и Человеческий Прогресс».
18. Практическое применение сатьи зависит от относительной реальности, но ее конечный итог находится в Парама Брахме, высшей духовной Сущности. Поэтому на Брахму часто ссылаются как на суть сатьи. (Шри Шри Анандамурти, «Руководство по поведению

человека».)

АСТЕЯ
1. "Не пытаться завладеть тем, что принадлежит другим, - это астея, неворовство" (Шри Шри Анандамурти, «Руководство по поведению человека»).
2. См. Анандамурти, «Руководство по поведению человека», глава "Астея".
3. См. Анандамурти, «Ананда Сутрам», Глава 5, и П. Р. Саркар, серия «Праут в двух словах».
4. Саркар (Анандамурти) критиковал как капиталистическую систему частной собственности, так и коммунистическую систему коммун, которые он описывает, как противоречащие человеческой психологии. Обе системы являются чисто материалистическими в своем мировоззрении и не способствуют тонкому человеческому и культурному развитию. Вместо них он предложил децентрализованную модель, основанную на сотрудничестве, которая признает разнообразие и индивидуальные достоинства. Эти идеи были изложены в серии книг под названием «Праут в двух словах».

БРАХМАЧАРЬЯ
1. Dyczkowski, 1986, 'The Doctrine of Vibration.'
2. Dyczkowski, 1986, 'The Doctrine of Vibration.'
3. See Singh, 2006, 'Vijñánabhairava or Divine Consciousness.'
- По случаю такого невероятного наслаждения или интенсивного переживания, следует сконцентрироваться на источнике этого опыта, на этой чистой духовной вибрации, и медитировать на этот источник, пока его разум не погрузится в него настолько глубоко, что отождествится с духовным началом. (Стих 71, стр. 68)
-'... акцент делается на медитации на духовный источник радости. Оставляя в стороне различные чувственные средства, стремящийся должен медитировать на этом источнике всей радости, который можно почувствовать во всех радостях жизни лишь каплями. (Стих 73, стр. 69)
4. «Начало, середина и конец дхарма-садханы - это стремление к Нему, направление всех положительных и отрицательных склонностей ума к Нему. Духовные искатели не уничтожают шесть врагов (даже каму или физическое влечение), но используют их для своей выгоды. При использовании в качестве средства для духовного прогресса они больше не причинят вреда. Так называемые интеллектуалы могут бороться с кродхой (гневом), но преданные будут использовать его для борьбы со статичностью. Они разрушат подлость и мелочность ума благодаря своей психической силе и бесстрашному характеру ... Таким образом, духовные искатели сохраняют свое видение сосредоточенным на

Брахме ». (Шри Шри Анандамурти, «Субхашита Самграха, часть 7, глава« Макрокосмическая позиция и человеческая жизнь».)

5. Например:
«Сандиля упанишада» (глава 1) определяет Брахмачарью как: «воздержание от половых сношений во всех местах и во всех состояниях ума, речи или тела».
-Популярные переводы «Йога-сутр Патанджали» также используют определение:
«Брахмачарья пратиштайам виарьялабхаха» (II Сутра 38)
Брахмачарья = безбрачие; Pratishtayam = установлено;
Виаря = энергия; Иабхаха = приобрела «Находясь в безбрачии, обретается сила».
(«Искусство жизни», https://www.artofliving.org/uy-es/yoga/patanjali-yogasutra/knowledge-sheet-70)

6. «В древние времена использовался только истинный смысл Брахмачарьи. Позже, когда в обществе доминировала интеллигенция, так называемые монахи, которые взялись за полную эксплуатацию, подумали, что, если обычным гражданам будет позволено заниматься духовными практиками, они могут потерять свой излюбленный механизм эксплуатации в любой момент. Если обычные люди будут вдохновлены духовными идеалами, их рациональность будет расти и расти. Монахи(духовенство) поняли, что люди должны быть искалеченными и беспомощными. Комплекс страха и неполноценности должен быть вселен в людей, чтобы управлять ими. Они обнаружили, что такая эксплуатируемая масса состояла из обычных мирских людей, большинство из которых были женаты. Поэтому, если потеря семени так или иначе будет объявлена антирелигиозной, они смогут без труда достичь своей цели ... Обычные мирские люди начали думать, что, ведя семейную жизнь, они совершают серьезное зло, отвратительный грех, что они потворствуют действиям нарушающим брахмачарью ». (Шри Шри Анандамурти, «Руководство к поведению человека».)

7. Шри Шри Анандамурти, «Руководство к поведению человека».

8. Шри Шри Анандамурти, основатель общественно-духовной организации, создал систему ачарьев или учителей-монахов, посвятивших свою жизнь социальному служению и обучению духовным практикам и философии. Система включает в себя определенные правила образа жизни, касающиеся питания, практики йоги, психических установок и т. д., которые поддерживают эту практику физически и психологически. Главная цель практики - свобода и гибкость, которая способствует преданности своему идеалу и обществу в целом. Те же самые правила можно использовать в качестве руководства для тех, кто не является ачарьей, но по какой-то другой причине решает вести монашескую (безбрачную) жизнь.

9. В социальной и духовной системе Ананда Марга брак и семейная жизнь считаются высоко уважаемыми и полезными для духовного прогресса. В рамках этой системы сексуальные отношения рекомендуются не более четырех раз в месяц, такие ограничения идеально подходят для создания баланса между физическим, психическим и духовным аспектами жизни. Также йогические правила относительно пищи, асан (позы йоги) и т.д. рекомендуются, чтобы сбалансированным образом интегрировать сексуальные импульсы в свою личную жизнь.

Ачарьи и семейные люди - это просто разные подходы, в зависимости от склонностей человека. Цель йогических практик, связанных с едой, постом и т. д. заключается в том, чтобы ум оставался сосредоточенным и спокойным в соответствии с выбранным образом жизни, а не развитием какой-либо особой силы.

10. Что касается первого урока медитации Ананда Марги, в котором используется идея «Я есть Брахма», и второго урока, который представляет собой технику сознательной практики Брахмачарьи, ипользуя идею, что «все является выражением Брахмы». '

11. Tagore, 1916, LOC 732.
12. Tagore 1916, LOC 782.
13. Sepehri, 2013, Pg. 59 (Poem: 'We are the Shady Bower of our Tranquillity.')
14. «... вы не можете эффективно потворствовать сдерживанию или подавлению определенной Бхавы в течение длительного времени, в конечном счете, она подавит вас, потому что чем больше вы пытаетесь подавить ее, тем больше становится сила, с которой она восстанавливается. Если вам приходят в голову грубые идеи, вы не грубые и не плохие - это естественно для них приходить. Но умственное или психическое сдерживание или подавление их не полезно для Садхак. Вместо этого правильный и психологический подход к Майе состоит в том, чтобы перенаправить ее к Абсолюту... Условно говоря, отсутствие боли или удовольствия, которое называется Nirapekśavedaniiyam, по сути является психическим сдерживанием или подавлением. Это неестественное состояние ума, и длится ли оно пять минут или десять минут, пять дней или десять дней или даже несколько лет, но когда контроль снят, оно снова проявляется в форме Anukulavedaniiyam или Pratikulavedaniiyam. Поэтому психическое сдерживание или подавление не ведут к прогрессу ». (Саркар, «Несколько решенных проблем часть 6», глава «Человеческий поиск реального прогресса».)

Также: «Когда деятельное «Я» практикующего направляется к Верховной Сущности, он использует жизненную энергию... проходящую через разные уровни умозаключений и через различные склонности человеческого разума, не подавляя их. Вопрос о подавлении и угнетении не возникает в сфере духовного культа. Вам просто нужно поддерживать равновесие и баланс - то есть вы должны двигаться, поддерживая надлежащий параллелизм с фундаментальными склонностями человеческого разума. (Шри Шри Анандамурти, «Субхашита Самграха, часть 18», глава «Культ, умозаключения и наклонности».)

АПАРИГРАХА

1. «Не потакание наслаждению такими удовольствиями и удобствами, которые излишни для сохранения жизни, - это апариграха». (Шри Шри Анандамурти, «Руководство по поведению человека».)
2. Tagore, 1916, LOC 717.
3. Tagore, 1916, LOC 717.
4. Tagore, 1916, LOC 1274.
5. «Вайрагья обычно понимается как уход из мира и ведение жизни строгого самоотречения, практикуя чрезмерную аскезу. Это не правильная трактовка. Вайрагья не заставляет становиться отшельником. Это всего лишь попытка понять истинное предназначение вещей и правильно их использовать (конечно, понимания их не только с помощью грубых объектов ума).» (Шри Шри Анандамурти, «Ананда Марга: элементарная философия», глава «Как следует жить в этом мире».)
6. Шри Шри Анандамурти, «Ананда Марга: элементарная философия», глава «Как следует жить в этом мире».
7. Шри Шри Анандамурти, «Ананда Марга: элементарная философия», глава «Как следует жить в этом мире».
8. Саркар, «Праутистская экономика», глава «Четырехмерная экономика».
9. PROUT(ПРАУТ) (теория прогрессивного использования), предложенная П. Р. Саркаром, является примером одного такого предложенного подхода. Подробности можно найти в книгах «Праутистская экономика» (Саркар) и в главе «Ананда Сутрам» (Шри Шри Анандамурти).

ШОАЧА

1. «Первым пунктом Нияма Садханы является Шоача, чистота. Ее можно подразделить на две части, одна из которых относится к внешней сфере, т. е. Внешней чистоте, а другая - к ментальной сфере, т. е. Внутренней чистоте. (Шри Шри Анандамурти, «Руководство по поведению человека».)
2. Хотя эта концепция широко известна как «карма», правильный философский термин - «самскара». «Карма» буквально означает

«действие», тогда как «самскара» - это «потенциальная реакция».
'Manovikrtih vipákápekśitá samskárah.
[Искажение вещества ума, ожидающее выражения (т. е. потенциальная реакция), известна, как самскара.]
(Шри Шри Анандамурти, « Ананда сутрам », глава 3, сутра 4.)
3. «Добродетельный или нет, каким бы ни был этот акт, он порождает некое умственное искажение. Разум, однако, восстанавливает свое нормальное самообладание через випаку после того, как он переживает последствия своих хороших или плохих поступков. Там, где действие имело место, но его последствия не были пережиты, то есть випака была приостановлена, такая приостановленная или отложенная випака называется самскара [реакция в своей потенциальности]. ' (Шри Шри Анандамурти, «Ананда Сутрам», глава 3, сутра 4.)
4. «Когда люди, движимые инстинктами, слепо направляют свой разум на объекты удовольствия, не советуясь со своей совестью, или когда ум в конечном счете огрубляется, постоянно ведомый эгоистичными мотивами - независимо от того, думают ли они о причинении вреда другим, их ум искажается. Комплексы, с помощью которых происходит это искажение, являются загрязнениями разума». (Шри Шри Анандамурти, «Руководство к поведению человека».)
5. «Связь между физическим телом и умом очень близка. Умственное выражение проявляется через вритти, и преобладание тех или иных вритти зависит от различных желез организма. В организме много желез, и от каждой из них выделяется определенный гормон. Если есть какой-либо дефект в секреции гормонов или какой-либо дефект в железе, определенные вритти возбуждаются. По этой причине мы находим, что, несмотря на искреннее желание следовать моральному кодексу, многие люди не могут этого сделать; они понимают, что должны заниматься медитацией, но они не могут сконцентрировать свой ум, потому что их ум становится экстравертными из-за внешнего возбуждения той или иной склонности. Если человек хочет контролировать возбуждение этих склонностей, он или она должны исправить дефекты в своих железах. Асаны во многом помогают садхаке в этой задаче, поэтому асаны являются важной частью садханы». (Шри Шри Анандамурти, «Ананда Марга Чарьячарья, часть 3», глава «Асаны»)
6. См. «16 пунктов», «Чарьячарья часть 2» (Шри Шри Анандамурти).
7. Список «вритти» или тенденций, связанных с каждой чакрой, см. : Шри Шри Анандамурти, «Психология йоги», дискурс: «Сплетения и микровиты».)
8. Как было объяснено в главе об Ахимсе.
9. См. Huxley, 2002, 'A Brave New World.'
10. Шри Шри Анандамурти, «Субхашита Самграха, часть 10», глава

«Принятие противоположной позиции в битве».
11. Шри Шри Анандамурти, 'Чарьячарья Часть 2.'

САНТОША
1. «Тоша означает состояние душевного спокойствия. Сантоша, следовательно, означает состояние совершенного душевного спокойствия». (Шри Шри Анандамурти, «Руководство к поведению человека».)
2. См. Шри Шри Анандамурти, «Ананда Сутрам», Глава 2, Сутра 1: «Анукуаведанияйах сукхам».
[Конгениальное ментальное чувство называется счастьем.]
Комментарий: Если ментальные волны кого-то, чья самскара оказывается покоящейся формой этих волн, находят похожие волны, исходящие либо от какого-либо грубого объекта, либо от любого другого разумного существа, тогда эти волны в случае этого человека, являются взаимодополняющими. Контакт таких взаимно-сентиментальных волн - это то, что называется счастьем ».

-И сутры 3 и 4: «Сукхаманантамананадам. [Бесконечное счастье - это ананда (блаженство).] Комментарий: Ни одно живое существо не довольствуется малым, не говоря уже о людях. Итак, маленькое счастье не устраивает никого. Человек хочет бесконечного счастья. Это бесконечное счастье - это состояние, выходящее за рамки благополучия и горя, потому что счастье, которое можно ощутить с помощью чувств, выходит за пределы органов восприятия, когда оно утверждается в бесконечном. Это безграничное счастье - то, что известно как ананда [блаженство].
Ананда Брахма итьяхух. [Эта Ананда называется Брахма.] '

-См. Также Шри Шри Анандамурти, «Субхашита Самграха 24», дискурс «Бхакти, Мукти и Парама Пуруша»: «Когда человек входит в контакт с другим объектом и после контакта с этим объектом создается благоприятная психическая вибрация, и эта благоприятная психическая вибрация поддерживает параллелизм с физической вибрацией этого объекта, тогда мы говорим, что это сукхам [удовольствие, счастье]. И когда психическая вибрация человека не может поддерживать параллелизм с физической вибрацией этого объекта, тогда мы говорим, что это духкхам [боль, печаль] ... И когда длина волны сукхи, длина волны благоприятной вибрации, становится почти бесконечной то есть становится как прямая линия, тогда это сукхам анантам [бесконечное счастье]. Это Ананда.
3. Шри Шри Анандамурти, «Таттва каумуди, часть 2».
4. «В результате экстовертного анализа объекты удовольствия продолжают увеличиваться как в количестве, так и в раздельности друг с другом, и именно поэтому умственный поток никогда не

успокаивается. При таких обстоятельствах, как можно достичь полного спокойствия? (Шри Шри Анандамурти, «Руководство по поведению человека».)

5. «*Mon*, из санскритского *Manas*; в разговорном бенгальском подразумевает и сердце, и разум; в Бауле это слово символизирует сердце и разум, дух и материю». (Бхаттачарья, Д. 1999)
«У людей душа гораздо более развита, чем у любого другого существа, потому что разум гораздо более развит, чем у любого другого существа. Вот почему людей называют «мануша» или «манава». «Mana» + «u» + «sna» = «манава», сущность, где доминирует разум, а не материя. (Шри Шри Анандамурти, «Ананда Вачанамритам 3», дискурс «Садгуру там намами».)

6. «Человеческие существа называются манушьей или манушой. Они называются терминами, в которых слово mana [разум] встречается в той или иной форме, потому что человек - это мана-прадхана (существо, в котором доминирует разум). Это существа, в которых разум и мышление являются преобладающими движущими силами и в которых инстинкт не играет той доминирующей роли, которую он играет в других животных». (Шри Шри Анандамурти, «Ананда Вачанамритам 7», дискурс «Существо Мана-Прадхана».)

7. «Сантоша Садхана не подразумевает, что вы должны позволять себе эксплуатироваться или угнетаться кем-то, кто пользуется вашей простотой, и вы должны молча это терпеть. Вы ни в коем случае не должны отказываться от своего права на самосохранение или своего законного права на удовлетворение базовых потребностей. Вы должны продолжать бороться с помощью совместных усилий для установления ваших прав. Но вы никогда не должны нарушать принцип сантоши тратя свою физическую и умственную энергию под влиянием чрезмерной жадности». (Шри Шри Анандамурти, «Руководство по поведению человека».)

ТАПАХ

1. «Тапах означает усилия по достижению цели, даже несмотря на то, что такие усилия могут принести физический дискомфорт». (Шри Шри Анандамурти, «Идея и идеология», глава «Место садвипр в самаджа чакре».)
2. Шри Шри Анандамурти, «Руководство по поведению человека».
3. https://en.wiktionary.org/wiki/sacrifice
4. «У тапаха есть еще одна особенность. Когда человеческая деятельность не руководствуется совестью, она руководствуется инстинктом. Тапах, руководствуясь совестью, меняет ход действий и ведет людей к развитию и благополучию. Конечно, преданность также порождает разборчивость, но такая преданность не может пробудиться у

тех, кто не испытал Космического Блаженства ». (Шри Шри Анандамурти, «Руководство по поведению человека».)
5. Шри Шри Анандамурти, «Руководство по поведению человека»
6. Tagore, 1918, LOC 39.
7. «Это не только внешняя или внутренняя борьба, это одновременно и то и другое. Внутренняя борьба - это практика тонкой части Тантры. Внешняя борьба - это более грубая части Тантры. И борьба как внешняя, так и внутренняя - это борьба в обоих направлениях одновременно. Таким образом, практика в каждом слое жизни получает должное признание в Тантре…. Практика поднятия кулакундалинии - это внутренняя садхана Тантры, в то время как разрушение оков ненависти, подозрения, страха, застенчивости и т. д. прямым действием является внешней садханой. (Шри Шри Анандамурти, «Беседы о тантре, том 2», глава «Тантра и ее влияние на общество».)

-'... все тантрики так или иначе сталкиваются со своими слабостями. Тантрический гуру возлагает на своих учеников огромную ответственность за социальные перемены. Участие учеников в активистском движении, нацеленном на справедливое и духовное общество, вынуждает их противостоять иногда физическому страху, но чаще - страху социального порицания и страху перед кажущейся невыполнимой задачей, стоящей перед ними. Комплекс неполноценности - это самый изнурительный страх, который большинство из нас должно научиться преодолевать в своей жизни ». (Шри Шри Анандамурти, «Беседы о тантре, том 2», «Примечание издателя».)
8. Для полного отчета о событиях, относящихся к этому примеру, смотрите:
www.anandamarga.net/archive/rudreshvarananda.htm

СВАДХЬЯЯ

1. «Свадхьяя означает не только читать или слушать изучаемый материал, но и понимать его значение, основную идею». (Шри Шри Анандамурти, «Руководство по поведению человека».)
2. (Шри Шри Анандамурти, дискурс «Ананда Вачанамритам 33»: «Знание Пара и Апара».)
3. То, что Анандамурти определил как «субъективный подход и объективное приспособление», необходимо для баланса в духовной и практической жизни. (См. Шри Шри Анандамурти, «Субхашита Самграха 13», дискурс: «Субъективный подход и объективное приспособление».)
4. Peterson, J. Цитата из интервью: 'Sir Roger Scruton/Dr. Jordan B. Peterson: Apprehending the Transcendent.'

5. «Согласно общему убеждению, психология является частью общей науки и поэтому не должна быть частью философии. Таким образом, психология была принята как отрасль науки на Западе ... Психология йоги, хотя и является частью философии, также является наукой, но не ограничивается материалистической парадигмой, которая характеризует западную философию и психологию. Это наука, с помощью которой духовные искатели могут приобретать знания и контроль над собой в поисках Самореализации. Знание психологии йоги необходимо для духовных практик; без этого знания ищущие не добьются успеха в своих духовных начинаниях ». (Шри Шри Анандамурти, «Психология йоги», глава «Примечание издателя».)

6. Например, в песнях Баул, Суфиев или других мистически-религиозных традициях, в песнях Тагора или в сочинениях Прабхата Самгиты Шри Шри Анандамурти. (См .: A.Tapasiddha, 2019)

7. Одним из самых ранних и наиболее известных примеров является «Дао физики» Ф. Капры. Другие подобные ссылки включают в себя; работы Р. Шелдрейка; «Вечный танец макрокосма» М. Тауси; или «Микровита: исследование новой науки о реальности» и 'From Imaginary Oxymora to Real Polarities and Return' Х.Дж. Рудольфа, который пытается объяснить движение от сознания к материи и идеи к реальности в рамках математики.

8. «Этот стих на сумеречном языке. При поверхностном прочтении - одно значение, а при глубокой интроспекции - другое. Поверхностное значение: «Двор вошел во внутреннюю комнату - о, уважаемая леди, вы понимаете? В результате того, что внутренний двор вошел в комнату, вор, который скрывался во внутреннем дворе, также вошел и украл ваши серьги. Скрытое значение таково: «Достигая высших ступеней духовной практики, внешний мир сворачивается внутрь вас. Тогда вы становитесь всезнающим. Этот вор разума украл твои мирские узы.»

На практическом уровне происходит то, что бессознательный разум является всепроникающим, целостным и неизмеримым. Благодаря духовным практикам богатства бессознательного ума сливается с подсознанием. Духовный искатель тогда начинает все понимать; он обнаруживает тайные знаки знания. Затем, в соответствии со своими потребностями, он или она может принести это приобретенное богатство подсознания в сознательный разум и использовать его во внешнем мире ». (Шри Шри Анандамурти, «Shabda Cayaniká Part 2», дискурс: «Indukamala to Iyatta.».)

ИШВАРА ПРАНИДХАНА

1. «Можно дать много толкований термину «ишвара». Обычно это значит «управитель этой вселенной». Тот, кто контролирует мыслительные волны этой вселенной, - это Ишвара. Поэтому

«Пурушоттама» и «Ишвара» не являются идентичными понятиями. В философии слово «ишвара» имеет еще одно значение - это свидетельствующая часть объективной Пракрити, где доминирует статический принцип. Это свидетельствующая сущность причинного мира, это приумноженная сущность prájiṅa, это сущность, свободная от всех оков ...

...Какими бы ни были незначительные отличия, для садхаки, Ишвара - это не что иное, как Сагуна Брахма или Бог». (Шри Шри Анандамурти, «Руководство по поведению человека».)

2. «Пранидхана означает ясно понимать или принимать что-то в качестве убежища». (Шри Шри Анандамурти, «Руководство по поведению человека».)

3. Следовательно, «Ишвара пранидхана» означает, что вся психическая энергия направляется к Ишваре как объекту высшей идеации. (Шри Шри Анандамурти, «Таттва Каомуди, часть 3».)

4. 'Saṁyoga yoga ityukto jiivátmá Paramátmanah – « Когда единичное сознание полностью объединяется и, в конце концов, отождествляется с Высшим Сознанием, Шивой, - это называется йогой ». (Шри Шри Анандмурти, «Субхашита Самграха, часть 14», дискурс: «Йога, Тантра и Кевала Бхакти».)

5. Шри Шри Анандамурти, «Субхашита Самграха, часть 1», дискурс: «Яджина и Кармапала».

6. Этот процесс известен как «дикша» или инициация: «Через правильное духовной обучение в человеческом разуме вызывается духовное пробуждение, побуждая духовных искателей искать тот путь, который ведет к достижению их ишты или духовной цели. Тогда компетентный духовный учитель может дать практическое руководство этим ученикам. Это духовное направление называется tántrikii diikśá. «Tan jádyáta tárayeh yastu sah tantrah parikiirthita». Практический процесс, ведущий к освобождению от невежества, называстся тантрой. Процесс посвящения в соответствии с наукой тантры называется тантрической дикшой. (Шри Шри Анандамурти, 'Таттва Каомуди, Часть 2)

7. В Ананда Марге вводная практика медитации может выполняться с использованием киртан-мантры (мантры, используемой для духовного пения), пока не будет получено посвящение и не будет дана личная мантра. Эта вводная мантра - «Баба нам кевалам» и означает «только мысль о бесконечном, божественном сознании» или «все является проявлением этого божественного сознания». Эту мантру можно повторять мысленно в ритме с дыханием, когда вы сидите со скрещенными ногами, соединенными ладонями на коленях и с закрытыми глазами. Дальнейшее наставления можно получить у ачарьев Ананды Марги.

8. «Сообщаемая глубина медитации также соответствует активности в центрах удовольствия головного мозга, таких как пучок левого переднего мозга, островковая доля и прецентральная извилина. Это явное удовольствие сопровождается изменением эмоциональной саморегуляции; согласно одному исследованию, медитирующие более осведомлены о мыслях и чувствах концептуально, но менее эмоционально обеспокоены ими. Причем оба полушария вовлечены в самонаблюдение. (Webb, N. 'The Neurobiology of Bliss--Sacred and Profane.')

9. «В конце концов, когда его длина волны также станет бесконечной, и эти волны также будут течь по прямой линии, ум превратится в атман. Это состояние называется самадхи. Здесь психические волны достигли параллелизма с духовными волнами Атмана. Этот психо-духовный параллелизм известен как «идея», или бхава. Когда эта бхава или идея возникает на психическом уровне, это «идеология». Следовательно, идеология есть концепция идеи и ничего более.

Следовательно, когда мы называем некоторые материалистические или политические принципы человека, партии, нации или федерации «идеологией», это неправильное использование этого термина. «Идеология» включает в себя духовный смысл; это вдохновение, которое имеет параллелизм с Духовной Сущностью». (Шри Шри Анандамурти, «Идея и идеология», глава «Психо-духовный параллелизм».)

Библиография

- Aiyar, K.N. 1914. *'Thirty Minor Upanishads.'* Kessinger Publishing.
- Anandamurti, 2006. *'Ananda Marga: Elementary Philosophy.'* Electronic edition 7, Ananda Marga Pracaraka Samgha.
- Anandamurti. 2006. *'Ananda Sutram.'* Electronic edition 7, Ananda Marga Pracaraka Samgha.
- Anandamurti. 2006. *'Ananda Vacanamrtam Parts 3, 7, 14, 33.'* Electronic edition 7, Ananda Marga Pracaraka Samgha.
- Anandamurti. 2006. *'A Guide to Human Conduct.'* Electronic edition 7, Ananda Marga Pracaraka Samgha.
- Anandamurti. 2006. *'Caryacarya Parts 2 & 3.'* Electronic edition 7, Ananda Marga Pracaraka Samgha.
- Anandamurti. 2006. *'Discourses on Tantra Volume 2.'* Electronic edition 7, Ananda Marga Pracaraka Samgha.
- Anandamurti. 2006. *'Subhasita Samgraha Parts 1, 2, 7, 10, 13, 14, 18, 24.'* Electronic edition 7, Ananda Marga Pracaraka Samgha.
- Anandamurti. 2006. *'Tattva Kaomudii Part 2.'* Electronic edition 7, Ananda Marga Pracaraka Samgha.
- Anandamurti. 2006. *'Yoga Psychology.'* Electronic edition 7, Ananda Marga Pracaraka Samgha.
- Bharti. S.V. 2001. *'Yoga Sutras of Patanjali: With the Exposition of Vyasa.'* Delhi, Motilal Banarsidas.
- Bhattacharya, D. 1999. *'The Mirror of the Sky.'* Arizona, Hohm Press.
- Capra, F. 1981. *'The Tao of Physics.'* Suffolk, The Chaucer Press.
- Dostoyevsky, M. 1866. *'Crime and Punishment.'* Ebook, A-Z Classics.
- Dyczkowski, M. 1989. *'The Doctrine of Vibration.'* Delhi, Motilal Banarsidass.
- Huxley, A. 2002. *'Brave New World.'* Ebook, Project Gutenberg.
- *'Jordan Peterson vs Susan Blackmore: Do we need God to make sense of life?'* 2018. The Big Conversation from Unbelievable. (Youtube: https://www.youtube.com/watch?v=syP-OtdCIho)
- Lem, S. 1974. *'The Futurological Congress.'* Ebook. New York, The Continuum Publishing Corporation.
- Maturana, H. & Verden-Zoller, G. 2008. *'The origin of Humanness in the Biology of Love.'* Ebook. Exeter, Imprint Academic.
- Rudd, J. *'The Voice of Saruman: Wizards and Rhetoric in the Two Towers.'* (https://www.questia.com/library/journal/1G1-227196963/the-voice-of-saruman-wizards-and-rhetoric-in-the)
- Rudolf, H.J. 2011. *'From Imaginary Oxymora to Real Polarities and Return.'* Bloomington, Authorhouse.
- Rudolf, H. J. 2017. *'Microvita: Exploring a New Science of Reality.'* Bloomington, Authorhouse.

-'Roger Scruton/Dr. Jordan B. Peterson: Apprehending the Transcendent.' 2018, Cambridge. Presented by The Cambridge Centre for the Study of Platonism and Ralston College. (Youtube: https://www.youtube.com/watch?v=XvbtKAYdcZY)
-Rudreshvarananda. *'Uplifting Human Dignity in West Africa.'* (www.anandamarga.net/archive/rudreshvarananda.htm)
-*'Sacrifice.'* (https://en.wiktionary.org/wiki/sacrifice)
-Sarkar, P.R. 2006. '*A Few Problems Solved.*' Electronic edition 7, Ananda Marga Pracaraka Samgha.
-Sarkar, P. R. 2006. '*Idea and Ideology.*' Electronic edition 7, Ananda Marga Pracaraka Samgha.
-Sarkar, P. R. 2006. '*Neohumanism: The Liberation of Intellect.*' Electronic edition 7, Ananda Marga Pracaraka Samgha.
-Sarkar, P.R. 2006. '*Proutist Economics.*' Electronic edition 7, Ananda Marga Pracaraka Samgha.
-Sarkar, P.R. 2006. '*Shabda Cayanika Part 2.*' Electronic edition 7, Ananda Marga Pracaraka Samgha.
-Sepehri, S. 2013. '*A Selection of Poems from the Eight Books.*' Bloomington, Balboa Press.
-Shippey, T. 2010. '*JRR Tolkien: Author of the Century.*' London, Harper Collins.
-Singh, J. 2006. '*Vijnánabhairava or Divine Consciousness.*' Delhi, Motilal Banarsidass.
-Tagore, R. 1918. '*Nationalism.*' Ebook. London, Macmillan and Co.
-Tagore, R. 1916. '*Sadhana: The Realization of Life.*' Ebook, Project Gutenberg.
-Tolkien, J.R.R. 2000. '*The Letters of JRR Tolkien.*' London, Harper Collins.
-Tapasiddha, A. 2019. '*Ink of the Heart.*' Independently Published.
-Towsey, M. 2011. '*Eternal Dance of Macrocosm, Volume 2.*' Queensland, Proutist Universal.
-'*True Meaning of Brahmacarya.*' Art of Living. The Art of Living,' (https://www.artofliving.org/uy-es/yoga/patanjali-yogasutra/knowledge-sheet-70)
-Webb, N. 2011. '*The Neurobiology of Bliss--Sacred and Profane.*'Scientific American. (https://www.scientificamerican.com/article/the-neurobiology-of-bliss-sacred-and-profane/?redirect=1)
-Zamyatin, Y. 2013. '*We.*' Ebook. Sydney, Pan Macmillan.

Издатель «ФЛП Середняк Т.К.», 49000, Днепр, 18, а / я 1212

Свидетельство о внесении субъекта издательской деятельности в Государственный реестр

издателей, изготовителей и распространителей издательской продукции ДК № 4379 от 02.08.2012.

www.ingramcontent.com/pod-product-compliance
Lightning Source LLC
Chambersburg PA
CBHW020429010526
44118CB00010B/490